アンガーマネジメント×怒らない体操

たった6秒で怒りを消す技術

安藤俊介×デューク更家
日本アンガーマネジメント協会
代表理事
ウォーキング
ドクター

集英社

Contents

Chapter 2

怒りの正体を知ればもう何も怖くない！

Chapter 3

心の器を大きくする「怒らない体操」をマスターしよう

Chapter 4

怒りを増幅させない「マインドフルネス」を味方につけよう

Chapter 5

アンガーマネジメントを楽しく続けていくためのQ&A

Epilogue
エピローグ

心をラクにしたければ怒りをコントロールしなさい

Prologue

プロローグ

怒りに振り回される人生にサヨナラしよう！

怒ったり、怒られたりするのにもう疲れたという人へ

家庭やビジネスで、一生懸命取り組めば取り組むほど怒りという感情に直面することが多くなる気がしていませんか？　どんなに努力しても頑張っても、理不尽なこと、

許しがたいことが不意に降りかかってきます。

日常のちょっとしたことで夫婦ゲンカしてしまう。
子どもが言うことをきかない。
ママ友の人間関係に疲れ果てた。
上司があまりに横柄だ。
部下や後輩との意思疎通に苦労している。
毎日のように客からのクレームがきて対応に追われている。

連日会社内でのパワハラや子どもへの親の虐待などのニュースが報じられていま す。それらを完全に他人事だとは思えません。ネットにも怒りがあふれていて炎上が話題になり、誰もがもてあました怒りの行き場を見失っているかのよう。
怒りの感情に振り回された状態で怒るのも、怒られるのも、どちらも人を消耗させます。

もう怒りたくない。

もう怒られたくない。

という思いでいる人は少なくありません。

でもどうしたらいいいんだろう……。そう思ったときに役に立つのが、アンガーマネジメントです。

アンガーマネジメントってどんなもの？

アンガーマネジメントは１９７０年代にアメリカで生まれた「怒りの感情」をコントロールするための心理トレーニングです。アメリカでは政治家、会社経営者をはじめスポーツ選手など多くの人がこの方法を取り入れています。

よく考えてみれば、私たちは怒りの感情について教育を受ける機会はありません。小さなころから「ケンカしちゃダメ」「仲良くしなさい」「他人に迷惑をかけてはいけません」と教えられてきましたが、ではどうしたらいいのか、具体的なことを教わる機会はなかったのです。なんとなくそれぞれが我慢したり感情を押し殺したりして、どうにかやっていますが、ときどきうまくできずに怒りを爆発させてしまうことはよくあります。

アンガーマネジメントでは、まず自分の中の怒りの感情を認めてそれを上手にコントロールすることを学びます。トレーニングすることで年齢、性別、職業などに関係なくすべての人が簡単に身につけることができる「技術」ですから、身構える必要はありません。

とくに本書でお伝えするのは、「身体を動かすことで怒りをコントロールする方法」です。理屈はさておき、まず身体を動かしてみてもらえば、その効果を実感できるようになります。

注意した方がいい4つの怒り

「怒り」はなくすことができないものです。「うれしい」、「悲しい」といった他の感情と同様に人間に備わっている自然な感情だからです。そして、私たちが怒るときには「理由」があります。自分や自分の大切なものを守るために怒りの感情は生まれるのです。

とはいえ気をつけなければいけない怒りがあります。それは人間関係を壊す怒りです。

1．強度が高い怒り

……一度怒り出すと気の済むまで怒り続けてしまう

2．いつまでも持続する怒り

……いつまでも怒りを引きずり、根に持ってしまう

3. 頻度が高い怒り

……とにかく頻繁に怒りを感じて、「いつも怒っている人」と思われている

4. 攻撃性が高い怒り

……他人、自分に対して罵倒したり傷つけたり、モノに当たって壊したりする

あなたはこのような怒りに心当たりがありませんか？

第2章で詳しく紹介していきますが、身体と心は密接につながっていて、先にあげた4つの怒り方を続けていると、健康にも影響を及ぼします。

血圧が上昇するため、血管や心臓に大きな負担を与え、心臓病や脳卒中といった疾患のリスクも高まりますし、免疫系にもダメージを与えます。

さらに怒りにまつわることでうまれるストレスは、肥満、うつ、高血圧などの症状を引き起こす場合もあります。

人間関係だけではなく、自分自身の身体を傷つけてしまうのがコントロールされていない怒りです。

身体を使って怒りをコントロールすることのよい点は、楽しみながらできることです。みんなで実践しやすくなるので、ぜひ職場での問題解決や、夫婦や友人、人間関係全般、自分の周りに関係するあらゆる物事によい循環を生み出すのに活用していきましょう。

Chapter 1

怒りを6秒で消す「その場セラピー」を覚えよう！

なぜ〝6秒〟なのか？

ついカッとなって反射的に言わなくてもいいことを言ったり、手が出そうなったりした経験、誰にでもあると思います。でも、やってしまうとそのときはちょっとスッキリした気持ちになる気がするのですが、人間関係を気まずくしたり、自己嫌悪に陥ったりしていいことがありません。場合によっては相手も売り言葉に買い言葉で対応してきて、互いに怒りがエスカレートしたり状況が悪化することもあります。

何より怒ると気分がよくないし、疲れるし、ストレスになります。

そんな怒りによる衝動的な行動から逃れたい、不快な気分から開放されたいときに行うのが、最初に紹介する「その場セラピー」です。「その場セラピー」は、その名前の通り、怒りを感じたその場で行うことがポイントです。具体的には、カッとなって、「あ、自分怒っているな」と感じたところから〝6秒間〟行うセラピーです。

なぜ〝6秒間〟なのでしょうか。

じつは、イライラしたり、カッとしたりしたときの強い感情は常に一定で継続するわけではありません。諸説ありますが怒りの感情がピークにあるのは、6秒程度と考えられています。このピークの状態で怒りの感情のままに行動をおこすと、あとから後悔するようなことをしてしまいがちなのです。

逆にこの〝6秒間〟をなんとかやり過ごすことができれば、最悪の事態を防ぐことができます。この章では、この〝6秒間〟をうまく使って、激情に流されないための方法を紹介していきます。

ただし、6秒待ったからといって怒りすべてを押し流せるものではありません。でも「6秒待てば怒りのピークは過ぎる」ということを知っていれば、怒っていても冷静な行動をとれるようになります。まずは「その場セラピー」で怒りの感情をコントロールするということを体験し、その効果を実感してみてください。

その場セラピー 1

怒りたいときほど「ニコッ」としてみよう!

6秒口角アップ

1 表情をつくる

怒りを感じて目元や眉がつり上がり、口元がへの字になっていると感じたら、意識して軽く口角を上げて笑顔を作ってみます。5ミリ程度でも大丈夫ですし、心から笑えなくても大丈夫。表情筋がゆるむだけで、脳は「明るいことを考えた」と認識します。

楽しいときには笑い、怒っているときは厳しい顔になる。一見、人間の行動は感情に従っているように見えますが、逆に行動が感情を動かすこともできることがわかってきました。心理学的には「フェイシャルフィードバック効果」と呼ばれ、たとえば楽しくないときでも笑顔をつくると、心のバランスを整えるセロトニンや快楽物質ドーパミンという物質が脳内で分泌され、ポジティブな気分になることが知られています。

それを利用して、怒っていても無理にでも笑顔の表情をつくるのがこの「6秒口角アップ」です。

おすすめポイント

1 周囲に人がいても自然に行える

2 怒りから意識を逸らすだけではなく、ポジティブな気分にもなれる

3 笑顔は怒りの対象にもよい影響を与える

2 笑顔に自信をもつ

目の前で怒っている人がいる状態で、へらへらとした薄ら笑いや不敵な笑みを浮かべていると相手をさらに怒らせてしまう可能性もあるので、できれば普段から毅然とした穏やかな笑顔をつくれるよう練習しておくとよいでしょう。

「笑うのなんてとても無理！」という状況でも、フリでいいので笑顔を意識して口角を上げてみるのがポイントです。

目の前の怒りの対象から気がそれ、自分の表情、気持ちにフォーカスすることができます。6秒なんてあっという間だと思います。

口角アップは最低6秒ですが、可能であればもっと長く続けてみてください。フェイシャルフィードバック効果が持続し、さらに怒りの気分は治まり、ポジティブで寛容な気分で目の前のことに対処できるようになります。

その場セラピー 2

怒りをレベル分けすれば不思議とスッキリ!

6秒温度計

1 怒りの温度をはかる

心の中に温度計をイメージします。カチンときたときに、今の怒りはどのくらいか、数値化していきます。

怒りに振り回されてしまう大きな原因のひとつに、自分の怒りの大きさを把握できていないことがあげられます。「怒り」といっても、その内容や大きさもさまざまですが、区別することなく「ムカッとした」「イライラした」とまとめてしまうことが多いのです。そうなると本当はそれほど怒らなくていいことまで強く反応し、その徒労感から怒りに振り回されていると感じてしまうのです。

「満員電車内で足を踏まれた」と「職場復帰が目の前なのに保育園が見つからない!」というふたつの怒りは同じレベルではないですよね。怒り

おすすめポイント

1 自分がどんなことに怒りを感じるかわかるようになる

2 レベル分けはアンガーマネジメントの基本

3 6秒間を有意義に過ごすことができ一石二鳥

2 怒りを客観視する

最初のうちは数値化する際に判断に迷うこともあるかもしれません。繰り返すうちにいつ、どこで、どのレベルの怒りを感じるのか客観的につかめるようになります。

の衝動を逃しながら、ひとつひとつの怒りの大きさを把握していくのがこの「6秒温度計」です。

怒りの温度目安

0点： 怒りを感じない、穏やかな状態

1〜3点：「まあいいか」で流せる程度の軽い怒り

4〜6点： 平静を装ってもモヤモヤした気持ちが残る、少し強い怒り

7〜9点： 憤りを感じるようなかなり強い怒り

10点：「絶対に許せない」と心底腹が立つ、人生最大の怒り

温度をつけていると、怒りに向かっていた気持ちがそれ、ピークの6秒間を乗り切ることができます。また数値化することで怒りが客観的になり、その怒りに対してどう対処すればいいのか自ずと見えてきます。

その場セラピー 3

頭の中を真っ白にしていったんすべてを手放そう!

6秒思考停止

1

「ストップ」宣言

心に怒りがわいて、いろんな思いが交錯して混乱してきたら、自分に対して「ストップ!」と心の中で唱えます。頭の中を真っ白にするイメージで、さまざまな思いを一旦すべて手放してみましょう。

イライラしているとき、その気持が呼び水になり、さまざまな怒りや不安が次々と頭の中をよぎることはないでしょうか? 「あのときもこんなこと言われた!」「またこんなことが起きたらどうしよう」「バカにされているのではないか」など、そのせいで怒りが増幅して「思い出し怒り」状態になることもあります。

この頭の中の嵐状態を強制的に止めるのが「6秒間思考停止」です。文字通り「何も考えない」状態をつくり、怒りのエネルギーから一旦、自分を切り離して冷静な気持ちを取り戻すことができます。

おすすめポイント

1 周囲に人がいても自然に行える

2 シンプルな方法なので他の方法が思いつかないときでもとっさにできる

3 考えが悪い方向に向くのを防ぐことができる

2 心の落ち着きを優先

思考停止中は怒りについてだけではなく、どう解決をしたらいいかということも含め一切考えないことが大切です。考えないことで心が落ち着き、6秒後には自分がどうしたいかを冷静に考えられるようになります。

思考を停止することで、目の前で起こっていることを解釈してしまう反応を遅らせます。そうすることでイライラした気持ちに引っ張られて、過剰に反応してしまうことを防ぐことができるようになります。

じつは怒りから言い返す、周囲に当たってしまうなどの行動までには、いくつかの段階があります。たとえば自分と違う意見に「あれ？」と感じて、「自分が否定された！」と解釈すると怒りがうまれ、言い返します。「6秒思考停止」はこの段階を強制中断し、冷静にする空白を自分の中に作ります。

その場セラピー 4

自分を落ち着かせる言葉を心の中で唱える!

6秒魔法の言葉

1 魔法の言葉を用意する

カッとなったときに自分にかける「魔法の言葉」を5つくらい用意しておき、頭の片隅に覚えておきます。イライラした気持ちが落ち着くもの、冷静さを取り戻せるものならなんでもOKです。

怒っているときに
「わかるよ」

「大変だね」

「大丈夫、大丈夫」

「気にしなくていいよ」

などの声をかけられると気持ちが落ち着く経験は誰でもあると思います。誰かにこの怒らずにはいられない気持ちを理解してもらえたと感じることで、不安が取り除かれ、怒りがやわらぐ効果があるのです。

注目の新刊

原田マハ
リーチ先生

10月26日発売 ●本体1、800円

撮影／露木聡子

10月26日発売

リーチ先生

西洋と東洋の芸術を融合し、新しい陶芸の世界を切り拓いたイギリス人陶芸家のバーナード・リーチ。日本を愛し日本に愛されたその半生を、二代にわたり弟子となった名も無き父子の視点から、芸術家群像とともに描く感動のアート長編小説。

原田マハ

本体1,800円
08-771011-3

慈《じ》雨《う》

男は、警察官の誇りを守れるのか——。16年前の幼女殺害と酷似した事件が発生。かつて刑事として捜査にあたった神場は、退職した身で現在の事件を追い始める。消せない罪悪感を抱えながら…。元警察官の魂の彷徨を描いた傑作ミステリー！

柚月裕子

本体1,600円
08-771670-2

アンガーマネジメント×怒らない体操

安藤俊介

集英社創業90周年記念企画
学習まんが
日本の歴史
定価（各）
本体1,000円+税
発刊記念特別定価
全20巻セット
定価本体
18,000円+税
［分売不可］
累計1,500万部の
ベストセラーを
全面改訂！
のまんが家が
ストを担当！
ハードカバー。
にもぴったり。
史の割合アップ！
受験にも役立つ。
28日［金］全20巻一挙刊行！
集英社
表紙イラスト／岸本斉史（卑弥呼）／荒木飛呂彦（厩戸王）／
椎名軽穂（紫式部）本編まんが／あおきてつお ほか
©SHUEISHA Inc. All rights reserved.

10月○日発売

http:…ha.co.jp/

…川…郎

…お…の幽霊

金欠ニートの男が、妹の幽霊を見せる

者と感応する能力をも…

…0円

…99-4

小池真理子

解説=稲葉真弓

律子慕情

橋本長道

解説=瀧井朝世

サラは銀の涙を探しに

人間vs.将棋コンピュータの熾烈な対戦!人類の限界を超えて勝負に挑む棋士たち。傑作将棋エンタメ第2弾。

本体620円

08-745501-4

中野京子

解説=保坂健二朗

はじめてのルーヴル

この一冊でルーヴル美術館の全貌が丸わかり!世界的名画に秘められた謎と物語を読み解く究極のガイド本。

本体880円

08-7…

椎名誠

どーしてこんなこ…

しょうゆマヨスパゲティにタマネギ…

集英社 オレンジ文庫

10月2…

http://orangebunko.shu…

著・阿部暁子

装画・げみ

香月香房から姿を消した雪弥。彼の気持ちを察し積極的に動けず落ち込む香乃は、雪弥の知られざる過去を知る。

本体5…

08-68…

卯《う》ノ《の》花《はな》さんちのおいしい食卓 しあわせプリンとお別れディナー

著・瀬王みかる

装画・くにみつ

月一族の血を引く少女・彩芽が卯ノ花家に現れた。母を亡くし失意の底にいる彼女に、若葉たちが作る料理とは。

本体540円

08-680104-1

週末は隠れ家でケーキを —女子禁制の洋菓子店—

著・杉元晶子

装画・アルコ

女子高生・百が見つけた新しいケーキ屋。だが店員は無愛想。どうやらそこは男性限定パティスリーらしく!?

本体550円

08-680105-8

時をかける眼鏡 王の覚悟と女神の狗《いぬ》

著・椹野道流

装画・南野ましろ

王が女神の怒りをかった時に現れる「女神の狗」。その報せを受けた遊馬はマーキス王国に呼び戻されて……。

本体550円

08-680096-9

これが「日本の民主主義」！

安保法制の強行採決、安倍政権による言論への圧力。なぜ日本の民主主義はこうなったのか。日米安保条約から原発政策TPPまで、過去を振り返りながら、日本の民主主義のあるべき姿、国民の民意を届けるために何が必要かを、池上彰が示す。

池上 彰

発行＝ホーム社 発売＝集英社

本体1,300円
8342-5311-5

病気を描くシェイクスピア

エリザベス朝における医療と生活

シェイクスピアは病気オタクだった!? 没後400年を迎え注目を集めているシェイクスピア。戯曲に登場する台詞を引きながらエリザベス朝の医療・世態風俗の実態を解説するユニークなシェイクスピア本。貴重な切手のコレクションも併録。

堀田 饒

発行＝ホーム社 発売＝集英社

本体3,800円
8342-5314-6

11月4日発売

中年の作家・安芸隆之は、着物デザイナーの[illegible]を剥いでみたくなる。共に家庭を持つ二人だが、いつしか性愛の深みに溺れ、戻る場所を失っていく。絢爛たる愛の逃避行を描き、男女小説の金字塔と謳われた傑作。

脇坂副署長の長い一日

真保裕一

事故？ 不祥事？ スキャンダル？ 陰謀？ アイドルが一日署長を務める当日、賀江出署は不測の事態に直面する。謎また謎、次々と連鎖する事件。捜査に奔走する副署長の脇坂が、辿り着く真相とは？ 予測不能。分刻みの傑作ミステリー！

本体1,600円
08-771016-8

我ら荒野の七重奏《セプテット》

加納朋子

少年少女の青春の舞台裏には、親たちの奮闘が!? 息子の吹奏楽部の活動に巻き込まれたワーキングマザー。やることどっさり、人間関係も大変……。でも、限[illegible]

本体1,500円

おすすめポイント

1 周囲に人がいても自然に行える

2 怒りから気分を転換することができる

3 自分がどんな言葉にホッとするのか知ることができる

2 怒りを感じたとき6秒間唱える

実際にカッとなったとき、用意しておいた言葉を取り出して好みのものや、状況にあったものを選び６秒間繰り返します。心の中でつぶやくだけでOKです。言葉に集中して６秒間の怒りのピークをやり過ごしましょう。

この効果を自分自身で自分に与えるのが「6秒魔法の言葉」です。魔法の言葉は自分の気持ちに添うものを用意していきます。

自分なりのオリジナルの言葉を用意するのがベストですが、よく使われる「大丈夫、大丈夫……」「たいしたことない」「私ならできる」「すぐに終わる」「これくらいよくあること」

などを自分なりにカスタマイズしてもよいでしょう。

「ネタになる」「明日には忘れる」なども面白いですね。

その場セラピー 5

怒りをやわらげるツボで心も身体もリラックス

6秒ツボ押し

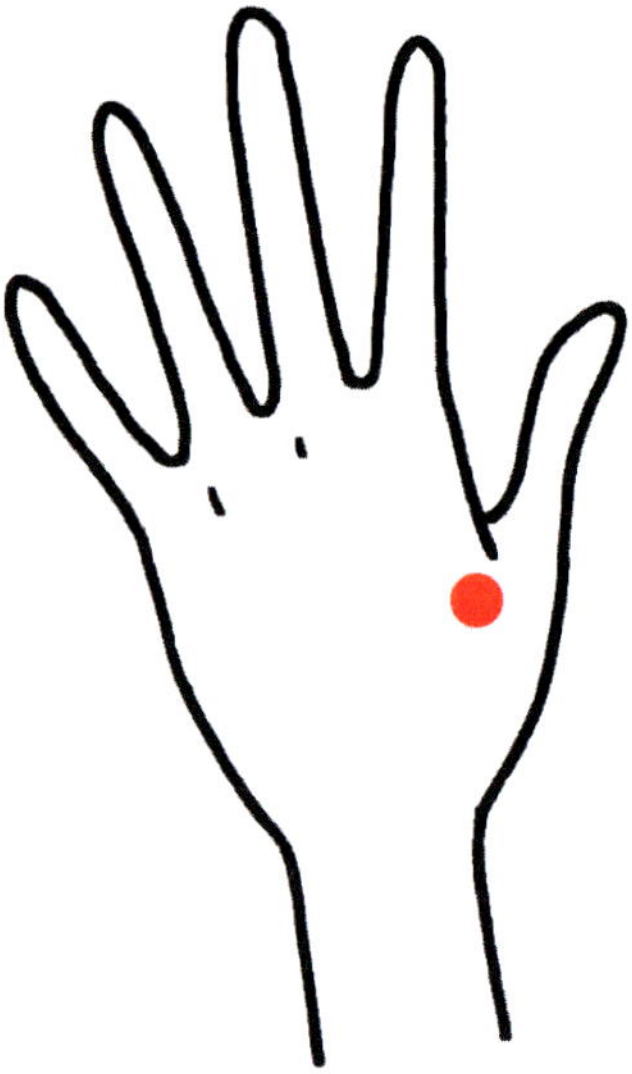

1 「合谷《ごうこく》」を押す

「合谷」は、手の甲側の、親指と人さし指の分かれ目にあるツボです。「合谷」は精神を安定させてくれるだけでなく、頭痛や肩こり、ニキビにまで効果がある万能のツボともいわれています。ここを親指でちょっと痛いと感じるくらいグーッと押し込んでいきます。

怒りに効果があるといわれている「ツボ」の力を借りて6秒を乗り越える方法もおすすめです。

腹が立ったり、イライラしているときは、体のあちこちが硬くなっている場合があります。

身体と感情の関係については第2章、第3章で詳しく説明していきますが、カッとなった瞬間に何気なくツボを刺激することで、不安や緊張をやわらげて、気持ちを落ち着かせることができます。

東洋医学では怒りのエネルギーは内蔵にたまると考えられています。それを経路（ツボとツボをつなぐ気

おすすめポイント

1. 周囲に人がいても自然に行える
2. 怒り以外にもストレスからくる諸症状が緩和する
3. 身体の緊張もとれる

2 「神門《しんもん》」を押す

「神門」は、手のひら側の、小指の延長線上の手首の関節にある窪みにあります。怒りを感じたときにこのツボを押すと高ぶった感情をスッとしずめてくれます。親指を「神門」にあて、残りの指で手首をつかむように押すと何気なく行うことができます。

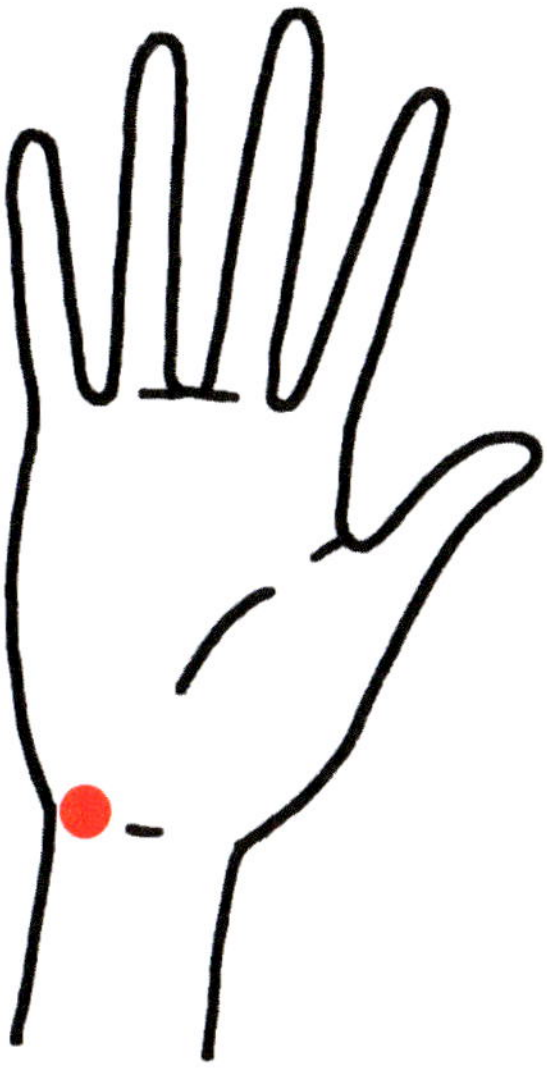

の流れ道）に正しく流れるようにうながすのがツボ押しです。

「６秒ツボ押し」は、ツボ自体の効果だけでなく、ツボの位置を確かめて６秒間と集中して押すことで目の前の怒りから一度離れて、気持ちを立て直すこともできる一石二鳥のセラピーです。

ここで紹介したふたつのツボの他にも、頭頂にある「百会《ひゃくえ》」、左右の肩甲骨の下あたりにある「肝兪《かんゆ》」なども、怒りをしずめるといわれています。

その場セラピー 6

怒りはグッと握りつぶしてパッと手放そう！

6秒グーパー

1 手を握って放す

手を握って開いて、グーパーします。怒りを手の中で握りつぶしてグー、握りつぶしたものを手放してパー、とイメージしながら繰り返します。

強い怒りの衝動がカーッとわき起こったとき、6秒間をどうやってやり過ごせばいいか、考えられない場合もあると思います。

そんなときにおすすめなのが「6秒グーパー」です。

グーパー、グーパー、と手を握って開くだけ。シンプルな動きなので、怒りでどんなに我を忘れていたとしてもできるでしょう。

「6秒魔法の言葉」のページでは自分を落ち着かせる言葉を用意しておきましょうとお伝えしましたが、「6秒グーパー」はそのジェスチャー版です。

おすすめポイント

1 動きとイメージをシンクロさせることでストレスをやわらげる

2 単純な動きなので子どもにも伝えやすい

3 周囲に人がいても自然に行える

2 心が落ち着くまでグーパー

怒りの衝動のピークは６秒ほどですが、その時間を超えてグーパーを続けても OK です。気持ちが落ち着いたと感じるまで行ってみましょう。

言葉や行動で目の前の怒りや困難な状況に備えなさい、という合図を自分に送るのです。

グーパーだけではなく、首や肩を回したりして軽くストレッチしたり、その場でジャンプをしてリラックスしたり、自分に合った方法を見つけましょう。

その場セラピー 7

「もうダメだ」と感じたらその場を離ればOK

6秒タイムアウト

1 「タイムアウト」を宣言

黙って消えたりせず、一時的に消えることを相手に伝えます。たとえば「今、冷静に話せないから、ちょっとトイレに行ってきます」など、不信感や不安を持たれないようしっかり説明してその場から避難します。

野球やバレーボールなどの試合で「タイムアウト」というものがあります。試合を中断してチームメイトや監督と作戦会議をする時間のことですが、怒りの衝動をこらえられそうにないと感じたときも思い切ってタイムアウトをとって目の前のことから離れてしまうのも手っ取り早い方法です。6秒以上離れてももちろんOK。リラックスして冷静な気分になるまで離れます。たとえば相手との会話の中で何度もカチンと来たり、ムカッとして、何度も怒りのピークを迎えてしまう場合などにこの方法が有効です。

おすすめポイント

1 最終手段として持っておける

2 冷静になる時間を持つことで建設的に話せるようになる

3 6秒以上離れてOK

2 その場を離れてリラックス

「すぐ戻ってきますので」などと告げ、戻ってきたらまた話をすることを相手と約束します。その場を離れたらリラックスできるような気分転換をしてください。他の「その場セラピー」を試してみてもいいですね。

よくケンカをすると黙って出て行ってしまったり、捨て台詞を吐いて出て行ってしまう人がいますが、これは「6秒タイムアウト」とは違います。きちんと宣言して戻ってくることがポイントです。

また離れているときは、怒りの元になったケンカや議論を思い出さないようにします。思い出してイライラするとせっかくのタイムアウトが台無しです。

その場セラピー 8

ムカッときたら……とにかく６秒数えよう！

6秒カウント

1 数を数える

心の中で順番に１、２、３、４、５……と数えてもいいですし、100から逆に99、98、97、96、95……と数えてもOK。数とともに冷静になっていきます。６秒以上数えて怒りのピークが通り過ぎるのを待ちましょう。

2 計算したり、英語で数えてみる

たとえば100、97、94、91、88……というように３ずつ引き算しながら、またはone hundred, ninety-nine, ninety-eight, ninety-seven……と英語で逆から数えるなど単純に数えるよりも少し難易度をあげてみます。

「６秒カウント」は、怒りの対象から一旦意識を離すために数を数えるという簡単な方法ですが、数えているうちに気持ちが落ち着いて「まあ、いいか」と割り切れるようになったり、肩の力が抜けて怒りの感情を手放せることがあります。

単純に数えても意識をそらせなくなったら、逆から数えたり、少し面倒な計算をしながら、英語で数えてみるなど、ちょっと難しくするのがポイントです。

おすすめポイント

1. 周囲に人がいても自然に行える
2. シンプルな方法なので子どもにも伝えやすい
3. バリエーションをつければ何通りでも行える

Chapter

2

怒りの
正体を知れば
もう何も怖くない!

アンガーマネジメントの基礎知識

怒りは連鎖する

アンガーマネジメントとは、怒りの感情をコントロールするための心理トレーニング法として1970年代にアメリカではじまりました。

「怒る」という感情は人間にとって、ごく当たり前のもの。でも怒り方を間違うと人間関係に支障が出てしまったり、後悔して自己嫌悪に陥ってしまったり、よくないことばかりです。

問題は怒りを抱えている本人ばかりではありません。怒りの感情というものは、力の強い人から弱い人へ、立場の強い人から弱い人へと向かいます。まるで水が高いところから低いところへ流れるように、怒りの感情は連鎖していくのです。

多くの人は、職場で衝突したりして溜め込んだイライラや怒りを家庭に持ち帰ることになります。そして夫は妻へ、妻は夫へと怒りの矛先を向けます。パートナーに怒りをぶつけられた親は子どもに矛先を向けます。親に怒られた子どもは学校に行って、自分より弱い子をいじめます。いじめられた子は怒りを家庭に持ち帰って親にぶつけます。ぶつけられた親は会社に行き同僚にぶつけます。部下にぶつけます。取引先にぶつけます。あるいはお店に行っては店員にぶつけ、病院に行けば看護師にぶつけます。そして怒りをぶつけられた大人は家庭に帰り……社会ではこんなふうに怒りが連鎖します。

理不尽に怒りをぶつけられた経験のある人は多いと思います。じつは怒りの感情は矛先を固定できません。安定しない怒りがあちこちに散乱してしまうのが八つ当たりなのです。

アンガーマネジメントができるようになると、自分の怒りとも相手の怒りとも上手に付き合えるようになります。怒りたいことは適切に怒り、怒る必要がないと思えることは怒らなくても済むようになります。

怒らないことがアンガーマネジメントではない

アンガーマネジメントというと、怒らなくなる方法とか、イライラしないための方法なのかなと思われるかもしれませんが、そうではありません。

怒りの感情は人にとってごく自然な感情です。「怒り」は、うれしい、楽しい、悲しいなどと同じように怒ること自体はまったく問題ありません。

しかし、喜怒哀楽などの感情のなかで、「怒り」は扱いが厄介な場合があります。うれしい、楽しいという感情は、そのまま表現してもさほど問題にならないのに対して、「怒り」は、表現方法によっては周囲の人々を不快にしてしまいます。仕事などでは信頼を失ってしまうこともあります。

問題は、怒ることと、怒らないことの区別ができていないこと、適切に怒れていないことにあります。生活をしていれば、仕事でも子育てでも怒ることが必要な瞬間はいくらでもあります。逆に怒る必要のないこともいくらでもあります。

怒らなくてはいけないことは上手に怒りを伝えて、怒らなくてもいいことは受け流すことができるようになる。その判断がストレスなくできるようになることがアンガーマネジメントなのです。

怒り方がよくないと、何を怒っているのか伝わらないだけでなく、事態を悪化させてしまうこともありえます。

上手に怒るということはどういうことかというと、自分がどう感じているのか、どうしてほしいのかを的確に相手に伝えることです。

むやみに「怒らない努力」をしないでください。怒りの感情を上手にコントロールできないうちに怒らない努力をすると、不要に怒りを溜め込んでしまい、よいことは何もありません。

怒りの裏側には心の器に溜まった感情がある

アンガーマネジメントでは、怒りの感情は、突然空から降ってわいてくるものではなく、うまれる仕組みがあると考えています。

心に器があるとイメージしてください。その心の器には「第一次感情」といわれる不安、つらい、苦しい、痛い、嫌だ、疲れた、寂しい、虚しい、悲しいなど、一般的にいうマイナスな感情が溜まっていきます。これらの感情がコップからあふれたとき、それは怒りとなって表れるのです。

怒りの感情がわきあがったとき、自分が未熟だからなどと自分を責めてしまうことがありますが、実際はいろいろな気持ちが溜まりに溜まった結果なのです。怒りの裏側に隠れている本当の気持ちに自分自身で気づき、汲み取って、寄り添うことができれば大爆発をせずに済むことが多いのです。

心の器は人によってサイズが違います。大きな人もいれば、小さな人もいます。大きなサイズで、第一次感情もそれほど溜まっていなければ、ちょっとしたことで衝動的に怒ったりはしません。しかし、器が小さく、日頃からストレスにさらされていると爆発しがちです。

心の器をあふれさせて爆発させないためには、怒りをうみだしたもともとの気持ちの存在を理解して、こまめに器に溜まった悲しみや不安や疲れを取り除いてやる必要があります。

べきの境界線に注目してみよう

たとえば、10時集合と言われたときあなたは何時に待ち合わせ場所に行きますか？

当然のように10分前には着くようにするという人もいるでしょうし、時間ピッタリがよいと考える人もいるでしょう。なかには、携帯電話があるのだから少しくらい遅刻しても大丈夫と考える人もいます。

このように許容範囲は人によって意外なほど大きな差があるのです。これをアンガーマネジメントでは「べきの境界線」と呼んでいます。

人が怒りを感じるのは、多くの場合この「べきの境界線」の不一致によるものです。自分の理想や期待を裏切られたとき、「本当は●●すべきなのに」という思いを無視されたときにムカッとしたり、イライラしてしまいます。

「べき」は、価値観とも言い換えることができます。子どもの頃から家庭でしつけられたことや経験を通じて身につけた「常識」「当たり前」と思っていることを、相手も理解し大切にしてくれないことが怒りの原因になるのです。

しかし、あなたのその「常識」、本当に誰にでも通じる「常識」でしょうか。

アンガーマネジメントでは、自分の「べき」の許容範囲を広げていくことをすすめています。自分にとっての「当たり前」でも、相手にとっては「当たり前」ではないこともあります。自分にとって当然と思える「べき」も、すべての人にとっての当然ではないのです。まず、そのことを意識することからはじめます。

相手には相手の考え方、価値観があり、自分の考え方、価値観と共通している部分もあれば、そうでない部分もあります。「許す」「許さない」の二択ではなく、自分とは違う価値観だけど認めようという妥協点を見つけることがコツです。

身体を動かすことで怒りがコントロールできる仕組み

そもそも、なぜ人は怒るのか?

怒りは自然な感情のひとつ、怒ることは人として極めて自然なことだと、ここまで述べてきました。

それはどういうことかというと、怒りはそもそも自分を守るために必要な感情だからです。人間にも他の動物と同じように防衛本能が備わっており、恐怖を感じるとこれに反応して「戦うか、逃げるか」の二者択一を自分に迫る「闘争・逃走反応（ファイト・オア・フライト）」を示します。考え抜いて合理的な答えを見つける前に身体を動かす必要があったのです。

そして今でも私たちは、命の危機を抱いたり、自分のテリトリーに侵入されていると感じたりしたとき、怒りというかたちで自分を守ろうとします。

なぜあのとき自分はあんな見境なく怒ってしまったんだろうとか、どうして周囲の迷惑も考えず怒りのあまり当たり散らしてしまったのか、などと思うときは、この反応をしているのです。

ですから怒りという感情を私たちの心の中から取り去ることはできません。上手に付き合っていくしかないのです。


よく怒っているときに「なんで怒っているの？」と聞かれると、「相手が怒らせるようなことをしたんだ」と答える人がいますが、それは違うのです。

同じ事態に直面しても怒る人と怒らない人がいます。心に余裕があるか、体調はどうかなど、その理由もそれぞれ背景はさまざま。たとえばレストランでオーダーと違うものが出てきたとしたら……気持ちと時間に余裕がある人ならば、怒らずにつくり直した料理を食べるでしょう。しかし、急いでいて気持ちの余裕がない人なら、間違った料理を運んできた店員に「困るよ！」と怒ってしまうことがあるかもしれません。

つまり、私たちは何かや誰かに怒らされているのではなく、怒ることを選んでいるのです。

身体と心はつながっている！

私たちが「怒ることを選んでいる」ということを理解できれば、「怒ることを選ばないこと」もできるはずです。しかし、多くの人が苦労しているように、なかなか簡単にできることではありません。

そこで、理解に加えて身体を動かすことで「怒ることを選ぶ、選ばない」をコントロールしようというのが今回のチャレンジです。

第1章の「その場セラピー」の「6秒口角アップ」のところでも紹介しましたが、面白いことが目の前になくてもフリで笑ってみる、顔の筋肉が笑顔のかたちをつくることによって、脳は楽しいことを考えたと認識し、実際にも楽しい気分になることが知られています。クスクス笑っていたら、なんだかすごく楽しくなって自分の笑いに自分がつられるように大笑いしてしまったなんて経験は、ある人も多いのではないかと思います。

笑いが心身にもたらす健康効果については、さらに研究が進んでいて、数々の実験により笑いによって免疫力が上がる、痛みやストレスを感じにくくなるといったことが科学的にも証明されています。

具体的には、私たちが笑うと、脳にその興奮が伝わり、情報伝達物質の神経ペプチドが活発に生産されます。この神経ペプチドは、血液やリンパ液を通じて体中に流れ出し、体に悪影響を及ぼす物質を退治するといわれるナチュラルキラー細胞の表面に付着し、活性化させます。逆に、悲しみやストレスなどマイナスの感情を受け取ると、ナチュラル細胞の働きは鈍くなり免疫力もパワーダウンしてしまいます。

逆に怒ることで心臓病、睡眠障害、高血圧、呼吸器系、脳卒中などのリスクが高まることが明らかになっています。免疫機能が下がれば、肌や髪も老化が進み美容にも悪影響を及ぼします。

つまり、心が笑えば身体が喜び、身体が怒ればストレスが溜まる。心と身体はつながっているのです。私たち日本人は喜怒哀楽の感情表現を抑えがちですが、もっとオープンに感情を身体で表してもいいのかもしれません。

また習慣的な動作は、その人自身の性格や周囲の人の見る目にも影響を与えます。たとえば自信にあふれた人は、ピンと背筋を伸ばして堂々としています。逆に猫背の人は自信なさげで元気もなさそうに見えます。

そういう人が、いきなり「自分に自信をもちなさい！」といわれても漠然として、どうしたらいいかわからないでしょう。でも「背筋を伸ばして、胸をはって」なら具体的にどうすればいいのかわかります。

この「具体的にできる」ということが実践には欠かせません。心の中は見えないけれど、背筋なら鏡に向き合えば自分で確かめることができます。

「その場セラピー」と「怒らない体操」、それぞれの目的

このように身体を動かすことで感情をコントロールできるということを踏まえて、本書では大きく2種類の方法を提案しています。

ひとつ目は、怒りの衝動で反射的に怒ってしまい後悔しないよう、怒りのピークである6秒間を上手に乗り切るためのテクニック「その場セラピー」。もうひとつは、普段から身体を動かして、効果的に怒りの体質改善を行おうというのが「怒らない体操」という位置づけです。

どちらかだけをやればいいというのではなく、どちらも上手に生活に取り入れて心と身体がつながっていることを実感しながら、怒りのコントロールを行っていきましょう。

自分の怒り方のクセを知ろう！　怒りのタイプ診断

あなたの「怒りタイプ」はどれですか？

怒りの表現の仕方は、人それぞれですが、傾向としていくつかのタイプに分けることができます。自分の怒りの感情の特徴を知っておくことで、あらかじめ対策や準備をすることができます。そうすれば怒らないでいいことを怒らずに済み、いらない人間関係のトラブルを引き起こすことなく、怒りに振り回されることがどんどん少なくなります。

診断結果に良い悪いはありません。体調によっても変化しますし、アンガーマネジメントを続けることでも怒りへの対処も変化して、結果も変化します。現状を確認し怒りをコントロールする一助として、怒りのタイプ診断を利用してください。

【手順】

左の質問に、

すごくそう思う・・・・・・・・・・・・６点
そう思う・・・・・・・・・・・・・・・５点
どちらかというとそう思う・・・・・・４点
どちらかというとそう思わない・・・・３点
そう思わない・・・・・・・・・・・・・２点
まったくそう思わない・・・・・・・・１点

で回答し、それぞれの点数をつけてください。

【質問】

Q１　世間には尊重すべき規律があり人はそれに従うべきだ。

Q２　物事は納得いくまで突き詰めたい。

Q３　自分に自信があるほうだ。

Q４　人の気持ちを誤解することがよくある。

Q５　解消できない強いコンプレックスがある。

Q６　リーダー的な役割が自分には合うと思う。

Q7　たとえ小さな不正でも見逃すべきではない。
Q8　好き嫌いがはっきりしている方だ。
Q9　自分はもっと評価されていいと思う。
Q10　自分で決めたルールを大事にしている。
Q11　人の言うことを素直に聞くのが苦手だ。
Q12　言いたいことははっきりと主張すべきだ。

【採点】
次の計算式に点数を入れ、それぞれの合計点を出してください。

1　Q1＋Q7＝　点
2　Q2＋Q8＝　点
3　Q3＋Q9＝　点
4　Q4＋Q10＝　点
5　Q5＋Q11＝　点

6　Q6＋Q12＝　点

【診断】

最も合計の点数が高かったのは、1から6のどの計算式でしたか？

合計点の一番高いものが、あなたの怒りのタイプになります。

もし合計点が同じものがふたつ以上あった場合、それらの性質が合わさったものがあなたのタイプになります。

1.「公明正大」タイプ　…P52へ
2.「博学多才」タイプ　…P54へ
3.「威風堂々」タイプ　…P56へ
4.「外柔内剛」タイプ　…P58へ
5.「用心堅固」タイプ　…P60へ
6.「天真爛漫」タイプ　…P62へ

怒りのタイプ診断結果

怒りのタイプ 1 「公明正大」タイプ

あなたを一言で言い表すと「正義感の人」。道徳を重んじ、秩序を愛する実直な人です。ですから公共マナーの悪い人にはとてもイライラさせられてしまいます。平気で列に割り込みする人、電車内でも大声で電話をする人、不倫の恋を自慢するような人などはとても我慢がなりません。

怒り方のクセ

- 自分に裁く権利がないことでも、断罪してしまう
- 自分の信じる正義のためなら、超法規的な処置も仕方ないと感じる
- 誰もしないなら、自分がしつけをしないといけないと感じる
- 些細なことでも曲がったことは正したくなる

怒りに振り回されていると感じたら……

持ち前の正義感から、ルールを守らない人、マナーを気にしない人に怒りを感じてしまい、自分が教えてあげなくちゃ、叱ってあげなくちゃいけないと思い込んでしまう傾向があります。でも実際に声を上げる前に、ちょっと待ってみてください。

マナー違反をしている人にあなたが怒りをぶつけることで変えることができるか考えてみましょう。できることか、できないことか。重要なことか、重要でないことか。日頃、よいことか、よくないことかということで判断しがちですが、目の前の出来事を別の視点で見つめ直してみることを試してみましょう。

怒りのままに行動することで、本来抱えなくてもいいストレスを抱えたり、トラブルに巻き込まれたりすることがあります。自分の中で線引きをしっかりすることで、自分の信念でがんじがらめになっている心をゆるめてあげることができます。

怒りのタイプ 2

「博学多才」タイプ

厳しい状況でもいつもベストを目指す潔癖な完璧主義者があなたです。自分を高めていきたいという向上心にあふれ、それをやり抜くパワーももち合わせています。それだけに何事も白黒つけたくなるので、優柔不断な人、曖昧な態度をとる人が苦手です。価値観が合う人とばかり付き合う傾向があります。

怒り方のクセ

- 自分の意見をもっていない人、それをはっきり言えない人が受け入れられない
- 度を越した完璧主義で、相手にもそれを求めがち
- 価値観の合わない人を排除したくなる
- 心の中のグレーゾーンの存在が極端に狭く、偏狭な判断をしてしまう

怒りに振り回されていると感じたら……

世の中には割り切れないことがたくさんある。曖昧のままにしておくのがベストのことがある。頭ではわかっていても、なかなか受け入れられません。「きっちり決めないと前に進めない！」と思いがちです。

好きか嫌いか、良いか悪いかというようにふたつにひとつという見方から、どちらでもないというゾーンがあることが見えるよう、一歩引いて見るということを覚えていきましょう。第三者的な視点から客観的に物事を見つめ直してみたり、別の立場の人間になって考えてみる練習をしたりするといいと思います。

怒りのタイプ
3

「威風堂々」タイプ

プライドが高く、さらにそのプライドにふさわしい行動力、責任感を備えたリーダー的存在です。頼りがいがあり、華やかな雰囲気をもっているので、友人が多く社交的なことも特徴です。

それだけに自分が尊重されず、軽く扱われることが許せず怒りを感じます。他人からの評価が気になってしまうのです。また自分が欲しいものが手に入らないときも強いストレスを感じます

怒り方のクセ

●プライドが高く物事を自分本位で考えがち
●偉そうな態度で上から目線の意見を言ってしまう
●他人から見ればわがままとしか思えないことを通そうとする

●自分は特別で大切に扱われるべきという態度でいる

怒りに振り回されていると感じたら……

このタイプの人は、人目を気にするあまり、自分とは全然関係のないことであっても自分のことをうわさしているのかと思い込む傾向が見られます。他人からの評価に一喜一憂、というか怒りをひんぱんに感じるようになったら、それは怒りの感情に振り回されている状態かもしれません。実際に「あの人は自信過剰だから……」と思われ、周囲に煙たがられていることもありえます。

謙虚になることは、自分を卑下することではありません。相手からの苦言やアドバイスを否定と受け取らず、ポジティブに受け入れられる心の余裕をつくって行きましょう。

怒りのタイプ 4

「外柔内剛」タイプ

見た目と中身に大きなギャップがあるのがこのタイプの特徴です。温厚そうに見えるのですが、内には強いものを秘めた人です。一度決めたことは、誰になんと言われても譲らない、頑固な面があり、それがかたくなさにつながり、怒りを生んでしまうことがあります。

一見優しそうなので、いろいろと無理を押し付けられたりすることもありますが、自分なりのルールに合わないときは、相手に笑顔で「NO！」を突きつけるタイプです。

怒り方のクセ

●自分のルールが最優先になり、譲ることが難しい
●意に沿わないことをさせられることが我慢できない

●根拠なく「みんな自分と同じに思うはず」と思い込む
●大量の情報に直面したり、同時にいくつものことをやろうとすると、パニックになる

怒りに振り回されていると感じたら……

自分では常識と思っていることも、じつは、みんなはそうは思っていないかもしれません。周囲となんだか噛み合わないな、イライラするなと感じたらそのことを疑ってみましょう。

決めごとを適度にゆるめることができると、他人にイライラしないで済みます。自分が大切にしているルール、手順、やり方があるように他人にも大切にしているルール、手順、やり方があるのです。お互いにそれを尊重するという意識をもつと決めごとをゆるめやすくなります。

怒りのタイプ 5 「用心堅固」タイプ

冷静沈着で、いつでも物事を落ち着いて考え判断することができる賢い人です。慎重さ、用心深さというものが働いていて、抜群の安定感を発揮しています。

その一方で、持ち前の慎重さのため、人をたやすく信用できず受け入れられないところがあり、深いコミュニケーションは苦手です。その代わりに人にレッテルを貼るようになり、ゲームの駒のように計算しようとしますが、なかなかうまくいかずストレスから怒りを感じることがあります。

怒り方のクセ

- ●人を信用せず猜疑心をもって付き合ってしまう
- ●他人の性格などを勝手に決めつけ、批判しがち
- ●強い劣等感が怒りに変化しがち

● 悲劇の主人公キャラになりきって周囲を非難する

怒りに振り回されていると感じたら……

怒りの源泉になりやすい劣等感という感情。いつも満ち足りない思いを抱えていて、でもそのことを周囲に知られたくなくて緊張している。確実にストレスも溜まり、イライラしやすい状況です。

でもその劣等感が自分の思い込みだったら？ 周りの人が優れている、うまくいっているように見えることも思い込みだったら？ 自分の内側にばかり目がいって、ちゃんと外の世界を見えていないとちょっとしたことが劣等感を刺激します。

一度自分が決めてかかっていることをすべて疑って、フレッシュな目で周りを見てみましょう。少しずつ自分自身と他人のことを受け入れていく練習になります。

怒りのタイプ 6

「天真爛漫」タイプ

自分の考えや思いを伝えることに長けていて、どんどん思ったことを実現させていくカリスマ的なところがあります。その自由な表現力で周囲の人を虜にし、ぐいぐい引っ張っていくリーダータイプです。

ただ自由に自分の主張ができず、表現を封じられるとフラストレーションが溜まって、怒りにつながり、そういった状態が続くと自分の意見に従わない人に対して高圧的な態度に出てしまうことがあります。

怒り方のクセ

- 自分の主張が絶対になってしまう
- 気が弱い、優しそうな相手には言うことを聞かせてしまう
- 最終的には自分の思い通りになると信じている

●自身の優越を確信していて誰にでも上から目線でものを言ってしまう

怒りに振り回されていると感じたら……

自分の自己主張が強すぎて、そのことでトラブルになることも多いのではないかと思います。力ずくで相手をねじ伏せて自分の思うにできたとしても、人間関係を築くことができません。

勢いだけで行動すると先々の失敗につながりやすいので、もう少し周囲との調和を考えて動く必要があります。

Chapter
3

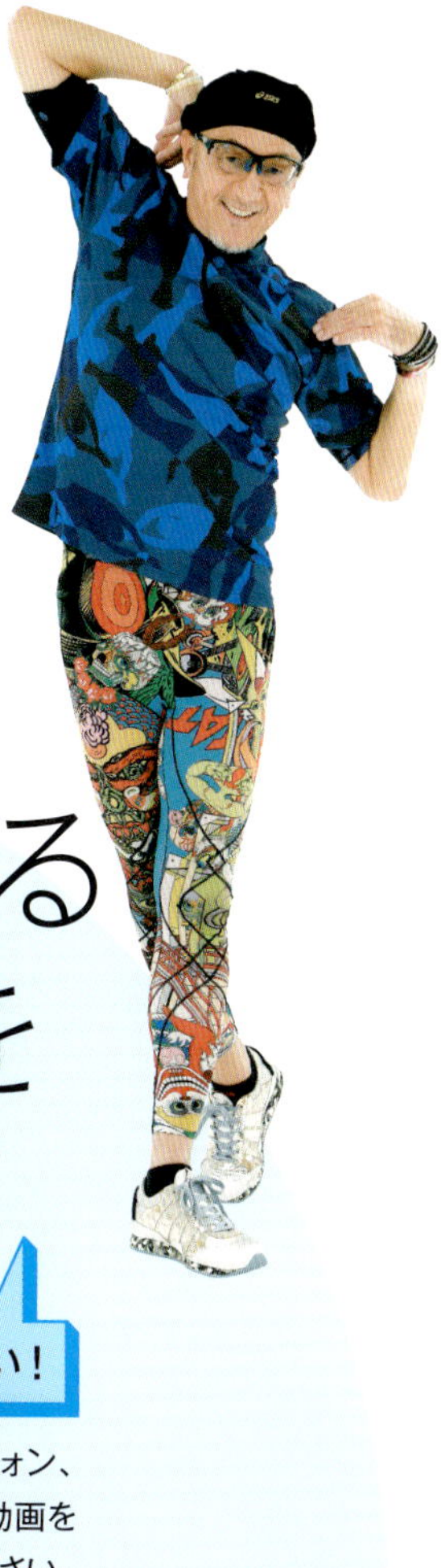

心の器を大きくする「怒らない体操」をマスターしよう！

「怒らない体操」スペシャル解説動画もご覧ください！

◆この章でご紹介する「怒らない体操」には、PC、スマートフォン、タブレットなどから視聴可能な、わかりやすいスペシャル解説動画をご用意しています。動画を視聴するには、次の手順に従ってください。

❶下記のURLからスペシャル解説動画案内ページにアクセスしてください。
http://business.shueisha.co.jp/6anger/
※スマートフォン、タブレットの方はこちらのQRコードをご利用ください。

❷案内ページのガイダンスに従って、スペシャル解説動画をご覧ください。

◆この「怒らない体操」スペシャル解説動画は、2017年10月26日以降、視聴方法が変更、あるいは中止される場合があります。

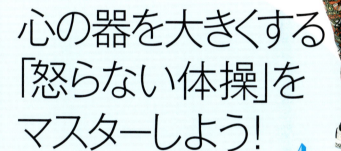

怒らない体操 1

オーラをまとって怒りから自分の身を守る

オーラバランス

1

手を軽く握り、脇の部分に当て5、6回上下にこする。リラックスしながら、身体が喜ぶように気持ちよく！

2

次に胸の中心（胸腺）を少し細かく、リズミカルに上下にこする。パワーを身体に貯めるようなイメージで。

3

胸の中心から腕を前に出した後、頭の上に伸ばし、ピンクゴールドの光で身体をコーティングするイメージをしながら腕を横から下ろす。

4

同じ動きで、ピンクゴールドの上にムラサキをコーティング。最後にシャンパンゴールドを身体から放つようにもう一度繰り返す。

身 体を３色のやわらかなオーラで包み込み、ポジティブなイメージをつくるエクササイズです。怒りや悪いことからオーラで身を守り、怒りにとらわれず、すぐに気持ちを切り替えるようにしましょう。

オーラのイメージ

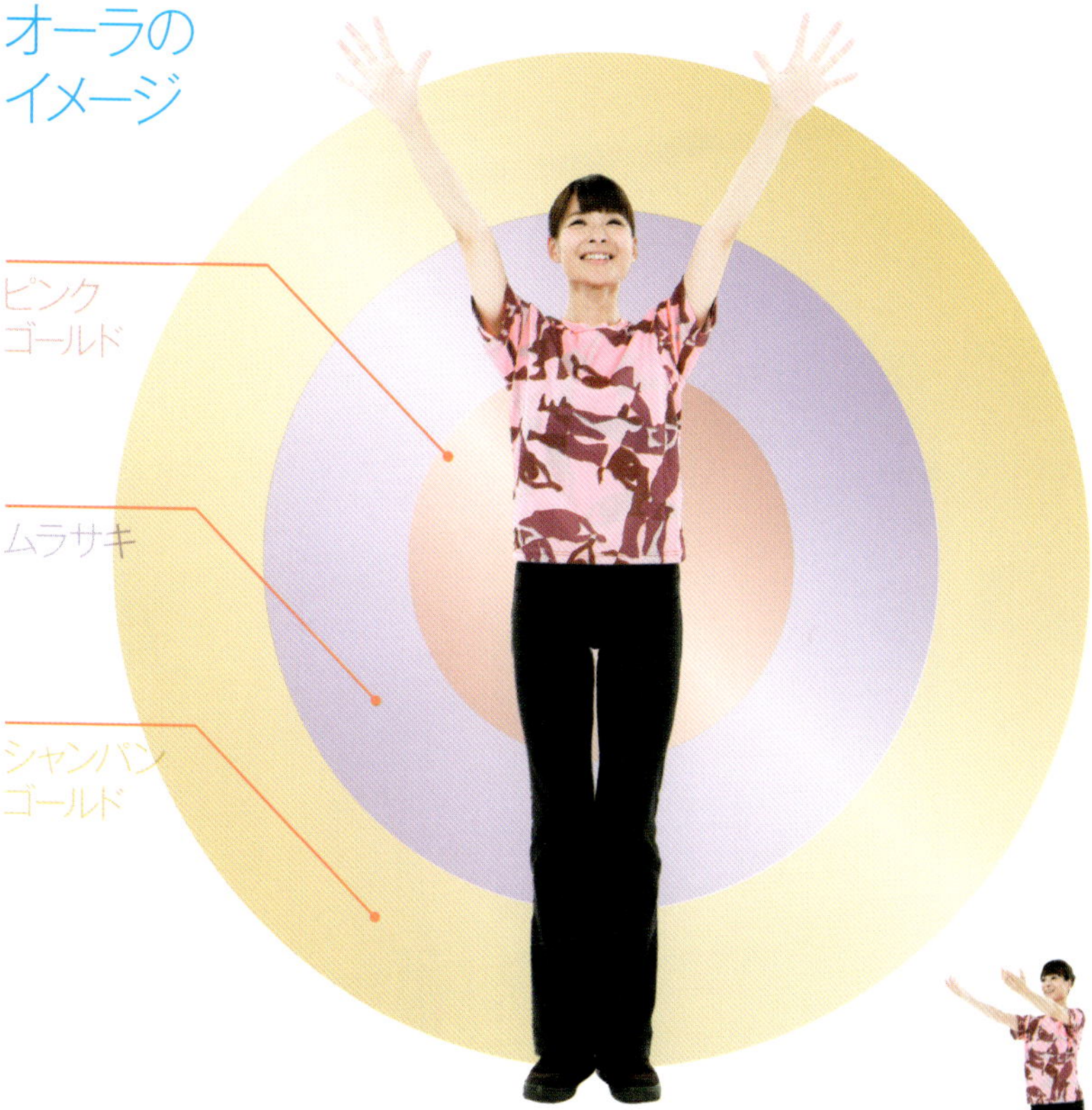

POINT **3色をしっかりイメージして幸せでポジティブな気持ちに！**

「オーラバランス」は色のイメージが重要！　ピンクゴールド、ムラサキ、シャンパンゴールドの３色をイメージしながら行いましょう。幸せを感じられるようになったら、自分の大事な人にもオーラを分け合うこともできます。

怒らない体操 2

ふたつの呼吸法で心の浄化と活性化を図る!

ブレスウォーク

短く強い短息法を使い、怒りに対する免疫を高め、押し返す力を身につけましょう。

PART 1 短息トーニング

1

脇を開き、手は軽く胸の前に。唇をすぼめ、お腹をへこませ「ヒュッ」と息を短く吐きながら身体を前傾させ、右足を前に出す。

2

息を「ヒュッ」と吐きながら、左足を前に出して上体を起こす。背筋を反り気味にして、しっかりと胸を広げる。

3

もう一度息を「ヒュッ」と吐きながら、右足を踏み出して体を前傾。肩を身体の内側に入れるようにし、背中を丸めるイメージで。

4

最後に胸の前からお腹を通るように腕を前から下ろし「ヒューッ」と残った息を吐きながら、左足を前に出したまま上体を起こす。

POINT

短く強い短息法で誰にも負けない自分をつくる

短息法を使ったウォーキングは、人からきつく言われたことが身体の中に入りにくくなり、押し返せるようになります。最後に自信たっぷりと胸の中心をトンと叩いて安心波動をうむために「大丈夫」と言えば完璧!

怒りを押し返す短息トーニングと、気持ちを落ち着かせる長息トーニング。呼吸法とウォーキングを組み合わせたふたつのエクササイズで心を浄化し、活性化させます。

PART 2 長息トーニング

長く深い長息法を使い、気が長くおだやかな心を身につけましょう。

1
両手を組んで右足を一歩前に出す。「あー」と声に出して息を吐きながら、手を右膝のあたりから引き上げ、腰骨の位置で止める。

2
次に左足を前に出し、手を左膝のあたりに下ろす。「おー」と息を吐きながら、手を胸の下まで引き上げて止める。

3
右足を前に出し、手を右膝のあたりからあごまで引き上げながら「んー」と息を吐く。息を吐きながら最後は手を頭の上に上げる。

POINT
長～く長～く息を吐いて自分のエネルギーを高める

長息法を使ったウォーキングは、エネルギーと集中力を高めることができるエクササイズです。このとき「あー」はのどを下に向けるように、「おー」のときは正面、「んー」はのどを上に向けるように意識しましょう。

怒らない体操 3

2つのツボを刺激して感情をコントロールする

背中タップウォーク

1 右手を前に、左手は後ろに大きく振りながら、右足を一歩前に出す。右足にぐっと体重を乗せて、左足は後ろに軽く上げて。

2 右手のひらで背骨の一番上の「身柱」、左手の甲でへその真裏の「命門」を軽く叩く。命門を叩くときは手首を痛めないように必ず手の甲で！

身柱
首の付け根。背骨の一番上の突き出した部分。

命門
へその真裏にあるツボ。必ず手の甲でタップ！

背中にあるふたつのツボをトンッと手でタップ。怒りの感情が症状として出やすい背中をケアしながら、感情のコントロール力を高め、いきいきとした気持ちをつくり、嫌な気持ちをすっきりさせましょう。

3

後ろに上げていた左足を前に出しながら、左手を前に、右手を後ろに大きく振る。重心をしっかりと左足に乗せ、右足をやや上げる。

4

先ほどと同様に、今度は左の手のひらで身柱を、右の手の甲で命門を軽く叩く。1～4を繰り返しながら、リズミカルに歩いて。

POINT

ふたつのツボを同時に叩いて心を理想の状態にキープ!

首の後ろを叩いて邪気を払い、へその真裏を叩くことで運気をぐっと上げる背中タップウォーク。ふたつのツボを同時にタップすることで“平常心のハイテンション”に!冷静なのに元気な理想の心の状態をつくることができます。

怒らない体操 4

モヤモヤした感情をシャワーできれいに洗い流す

シャワーウォーク

1

両手を軽く握りながら肩の高さに上げ、右足を上げる。鼻から息を吸いながら、あばらを引き上げるように背筋をしっかりと伸ばす。

2

右足を少しクロスするように下ろす。手のひらで空気を押し出すように両腕を右足に向かって下ろしながら「シューッ」と息を吐く。

シャワーウォークは、心の軸を鍛えるエクササイズ。心を安定させることで、余計なことを考えずイライラしにくくなります。マイナスな感情を大地に流すことで、身体も心も軽くなります。

3

もう一度鼻から息を吸いながら両手を肩の高さまで上げ、左足を上げる。右足に重心を乗せ、つま先立ちになるまであばらを引き上げて。

4

左足を少しクロスして下ろし、息を吐きながら両腕を左足に向けて下ろす。身体の中にシャワーの水が流れるようにイメージすると◎。

2回
繰り返す

POINT

だる重〜なときにやれば空を飛ぶように軽くなる

シャワーウォークはあばらが重要です。手だけでなく、あばらをポンプのように上下にしっかり動かすことで、体の中をエアシャワーで流しましょう。イラッとしたとき、瞬時に数歩歩くだけで身体も心もスッキリ！

怒らない体操 5

身体に溜まったストレスは脇をほぐしてデトックス

デトックスウォーク

1

リラックスした姿勢で、まっすぐに立つ。

2

両手を肩につけ、二の腕が床と平行になるように腕を上げる。

ストレスが溜まりやすい身体の脇をほぐして、ストレスをデトックス！ ストレスを軽減するエクササイズを普段から取り入れて、怒りにくいメンタルをつくりましょう。

3

右足を踏み出し、右肩を下げながら左のあばらをしっかりと伸ばす。

4

左足を前に出して、左肩を下げる。ひじから下げるような感覚で下げると◎。同時に右のあばらをしっかりと伸ばすことを意識して。

POINT
アコーディオンのように あばらを動かしてデトックス

じつは脳だけではなく、身体にもいっぱい溜まっているストレス。中でもとくにストレスが溜まりやすいのがあばらです。つまんで刺激するだけでも効果はありますが、デトックスウォークならより効果的にデトックスできます！

怒らない体操 6

身体の力を抜いて頭の中をすっきりクリアにする

ポン・シュ

1

足を肩幅に広げ、ひざの力を抜いてリラックスした状態で立つ。左手は人差し指で地面を指さし、右手は頭の上に。

2

「ポン」と声に出しながら、右手で頭のてっぺんにあるツボ「百会」を軽く叩く。

カーッと頭に血が上ったときにはポン・シュッ。頭のてっぺんをポンッと叩いて、肛門の力をシュッと抜くことで、頭の中をすっきりクリアにし、身体の真ん中に気を通して心もクリアにしましょう。

3

「シュッ」と息を吐きながら、肛門を開くイメージでお尻を後ろに出し、膝を曲げて力を抜く。一呼吸置いてから４回繰り返す。

4回
繰り返す

POINT
気持ちも身体も大地に根付かせ心を安定させるグラウディング

大地に根付くという意味がある「グラウディング」。人差し指で地面をさして大地を意識し、気持ちを大地に根付かせることで心が安定します。ポン・シュッと力を抜いたときにスッと笑顔が出るとよりよいですね！

怒らない体操 7

溜まったフラストレーションを身体からスパッと抜く

お願いスパッ

1

親指と人差し指の付け根を身体の側面に。かかとをつけたまま、まっすぐに立つ。

親指と人差し指の
つけ根を身体につける

2

お願いごとをするときのように、胸の前で両手を合わせる。必ずニコッと笑顔で行うのがポイント！

笑顔で

3

両手を合わせたまま、腕を左上に向かって伸ばす。右側にお尻を突き出すように、膝を曲げる。

その名の通り、お願いごとがうまくいかないときに行いたいエクササイズ。やりたいことがうまくできないときは、身体を動かしながらモヤモヤした感情をコントロールして人生に目標をつくりましょう。

4 両手を胸の前に戻し、まっすぐ立つ。

5 次は両手を右上に向かって伸ばしながら、左側にお尻を突き出すように膝を曲げる。

6 この動きを５～６回リズミカルに繰り返し、最後はゆっくりと、両手を胸の前に戻す。

POINT **必ずニコニコ笑顔で左側からスタートしよう**

お願いスパッは左から行わないと意味がありません！ 左が過去、真ん中が現在、右が未来を表しているからです。そして必ずニコニコしながら行うことで、押し込めていた欲求不満やストレスを身体から抜くことができます。

怒らない体操 8

心の絆を深めてよりよい関係性を築く

おしくらまんじゅう

おしくらまんじゅうは、親子や夫婦など二人で行うエクササイズ。絆をつくり、思いやる心のある良好な関係を築きましょう。

1

二人で背中合わせになり、お互いにもたれ合うように背中とお尻をくっつける。手は握らずに、手のひらを合わせるだけ！ その状態から「おし」の掛け声で一歩横に足を出す。

2

「くら」の掛け声で、反対側の足を引き寄せる。

3

「まん」の掛け声で、また一歩横に足を踏み出す。

4

「じゅう」の掛け声で、反対側の足を引き寄せる。この動きを２回繰り返す。

2回繰り返す

POINT 互いを褒め合いながら二人で息を合わせて歩く

背中合わせになったら、互いに褒め合ってからスタートしてみましょう。好きなところやよいところに意識を向けると、怒りの感情から距離を置けて、気持ちのよい温かな関係に。終わったらハグするのもよいですね！

なぜ「怒らない体操」で怒り体質が変わるのか？

「怒らない体操」が怒りにどう効くか解説します！

さて、ここまで「怒らない体操」のやり方について解説してきました。ここからはアンガーマネジメント的にどんな意味があって、行うとどんな変化があらわれるのかを解説していきます。

もちろん意味がわからなくても、どんな目的かを知らなくても、まずはやってみることで変化を実感できるのが「怒らない体操」ですが、意識して行うことで集中できるということもあります。体操の前後にぜひチェックしてみてください。

「怒らない体操」は基本的に怒りの体質改善を目的に開発されています。

目指しているのは、穏やかでポジティブな精神状態で毎日を過ごせる、周囲の人とのコミュニケーションがうまくいく、怒られても落ち込み過ぎず受け止めることができる状態です。

怒りに振り回されなくなり、目指す状態でいると心の奥から自信がわき、やりたいことに集中できるようになります。新しいことにチャレンジするときでも過剰に不安や怖れを感じず、問題があっても乗り越えていけるようなタフさを自分の中に実感できるようになります。

「怒らない体操」と同じような目的をもつエクササイズとしてはヨガやストレッチ、散歩などがあげられますが、それらよりもずっと短い時間で手軽にできるのが「怒らない体操」です。普通30分や1時間かけて得られることを数分で、しかもその場で行えるのです。

また多くの人がリラックス方法にあげている「おいしいものを食べる」「お酒を飲む」

といった行為も怒りを抱えているときにすると食べ過ぎ、飲み過ぎになりがちです。続けていると健康をむしばみ、トラブルを引き起こす原因にもなります。

その点、この「怒らない体操」は気分もすっきりするうえ、健康にも役立ち、アンガーマネジメント的にも理にかなっており、一石二鳥以上といえるでしょう。

ここでは、8種類ある「怒らない体操」がそれぞれどんな目的で作られ、どんなときに行えばいいのかなどアンガーマネジメントの観点から説明していきます。

ここを意識してやってみよう!

怒らない体操❶ オーラバランス

アンガーマネジメント的目的

- 身体をリラックスさせる
- ポジティブなイメージをもつ

アンガーマネジメントというとどうしても怒りの感情を消すとか、もたないとか「否定的なこと」をすることのように思われがちですが、ポジティブなイメージと気持ちで負の感情である怒りを塗り替えるということも行います。

オーラバランスでは、自分の周囲にオーラというかたちで幸せがあふれている、自分は守られているというイメージを大きく腕を広げて、豊かで美しい色合いをイメージしていきます。

自らを幸福感に包む経験を毎朝の習慣にして行えば、自信がつき寛容な態度を身につけることができます。

こんなときにおすすめ！

気持ちが沈みがちなとき、自分に自信が持てないとき

他にもこんなテクニック

オーラバランスと似ているテクニックとして、「ポジティブモーメント」があります。

自分が経験したとてもいい瞬間のことを思い出すことで当時の幸福感に包まれた感覚

を追体験するというテクニックで、疲れていても辛くてもいつでも前向きな気持ちになれるというものです。できるだけ詳細に、できるだけ具体的に思い出すとよいでしょう。

ここを意識してやってみよう！

怒らない体操②ブレスウォーク

アンガーマネジメント的目的

●免疫効果、防御効果アップ
●身体をリラックスさせる

短息

怒っているとき、私たちの息は浅く、速くなっています。その呼吸を整えるということは怒りの感情を整えるという点からとても重要。また怒っているときは免疫機能も落ちています。短息の呼吸法は、打たれ弱くなっている自分の免疫力をアップさせたり、身体を防御するのにピッタリです。

長息

「呼吸をする」というと多くの人が「吸う」からはじめてしまうようです。しかし、呼吸というのは吐かなければ吸えないのです。気持ちを整えるという観点から行う呼吸の場合、まずできるだけ息を長く吐いて、身体をリラックスさせます。

こんなときにおすすめ！

気持ちが焦っているとき、息が上がっていると感じたときなど

他にもこんなテクニック

スポーツをしたり、散歩をしたり、ゆっくりお風呂に入ったりすることでも「ブレスウォーク」と同じような効果を得ることができます。

ただしスポーツはあまりハードなものだと逆効果になってしまうので、ゆったりとのんびりできるものを選ぶようにしましょう。

ここを意識してやってみよう！

怒らない体操③背中タップウォーク

アンガーマネジメント的目的

●身体をリラックスさせる
●「その場セラピー」にもなる

アンガーマネジメントの世界では「邪気」という概念はありませんが、日本人の感覚として、たとえば風邪を引いたとき「背中がゾクゾク悪寒がする」という感覚は理解できるものです。アンガーマネジメントはアメリカで生まれた科学的裏付けのある心理トレーニングではありますが、じつは禅瞑想をはじめとする東洋哲学に大きな影響を受けています。「邪気を払う」、「運気をあげる」というとスピリチュアル的に聞こえるかもしれませんが、そういった身体感覚も非科学的と排除せず、大事にすることで身体の声がよく聞こえるようになります。

こんなときにおすすめ！

元気が出ないとき、もやもやして気分が晴れないときなど

他にもこんなテクニック

嫌なことに出合ったりして、気分が悪くなったり、不安になったらそれらをゴミ箱に投げ込んでしまうようにイメージしてみるのもよい方法です。おまじない的に「私はラッキーだ」と唱えてみるのもいいでしょう。

ここを意識してやってみよう！

怒らない体操4 シャワーウォーク

アンガーマネジメント的目的

- ●気分転換に最適
- ●その場セラピーにもなる

シャワーを浴びると気持ちいい、さっぱりするというのは多くの人の共通の感覚だと思います。流れる水にイライラする気持ちを流して気持ちを切り替えることができるシャワー。アンガーマネジメントでもすすめている方法です。

でもシャワーは普段は朝や夜、自宅にいるときに浴びるもので、仕事場や学校、出先で気軽に行えるものではありません。それを簡単な身体の動きとイメージでシャワーを浴びたのと同じような感覚になるのがこのシャワーウォークです。

こんなときにおすすめ！

気分転換したいとき、気持ちをリセットしたいときなど

他にもこんなテクニック

気分転換をするためのメニューをもっておくと便利です。その場でできることとしては、お水を飲む、ハーブティーを飲む、リラックスできる音楽を聴くなど肉体的に安らぐものがいいでしょう。ハードな運動や、カフェイン、タバコなど神経を興奮さ

せるものは避けた方がいいでしょう。

ここを意識してやってみよう!

怒らない体操5 デトックスウォーク

アンガーマネジメント的目的

●見えない怒りの感情の具体化
●怒ると無意識に力が入る身体をストレッチ

デトックスウォークではあばらあたりに溜まっている怒りを外へ押し出すことをイメージして行います。怒りの感情やストレスは目に見えないので、身体の中にストレスが溜まっていると具体的にイメージすることはとても効果的。
怒りを感じているときは身体が縮こまりがちなので、身体に溜まった怒りをリリースしながら左右にストレッチすることで感情コントロールはしやすくなります。

こんなときにおすすめ！

ストレスがたまっているとき、疲れ気味のときなど

他にもこんなテクニック

自分の怒りのイメージを言語でかたちにする「アンガーログ」もおすすめのテクニックです。イラッとしたとき、その場で、手帳やスマホなどに記録していきます。日時、場所、何があってどんなふうに感じたかなど簡単にメモしておくのです。怒りの強さを数値化しておくのもいいでしょう。その場で書き留めることで、冷静になれるといわれています。

怒らない体操⑥ ポン・シュッ

ここを意識してやってみよう!

アンガーマネジメント的目的

●頭に上った血を下げる習慣
●「今ここに在る」を実感

「頭に血が上る」という表現があります。実際に怒ったとき頭がクラクラしてこの言葉の感覚を実感した人も多いと思います。その頭に上ってしまった血(=怒り)を下げる習慣をつけることはアンガーマネジメント的にも理にかなっています。

また地面を指す左手が意味するのは、大地に根ざすという宣言です。これは「今・ここに在る」と言い換えることもできます。不安にとらわれてイライラしないために、ぜひ体感しておくとよいでしょう。

こんなときにおすすめ！

頭を冷やしたいとき、カッカしているときなど

他にもこんなテクニック

たとえば、相手からの理不尽な言葉にムカッとしても「そういう考え方もある」と認めるなどプラス方向に言いかえをする「リフレーム」という方法もあります。

ここを意識してやってみよう！

怒らない体操 7 お願いスパッ

アンガーマネジメント的目的

・怒りの元になりやすい欲求不満から解放
・待つことのストレスを緩和

何かしたいのにできないことは、イライラの原因になります。でも私たちにはいろいろな事情から今すぐ行動に移せないこともよくあります。そんなときは一時的に欲求を抑えておく必要がでてきます。動きたいのに動けない。でも、この「お願いスパッ」をすることで、欲求を押し殺すのではなく「待つ」ことができるようになります。「今じゃないよ」という合図を自分の心身に送ってあげるのです。また、やりたいことがいっぱいあるときに優先順位をつけるのにも使えます。

こんなときにおすすめ!

気持ちが急いでいると感じたとき、じっとしていられないと感じたときなど

他にもこんなテクニック

できることとできないことを選別して、できることは努力し、できないことはそれを受け入れる勇気をもつ。それがアンガーマネジメントの基本です。今できることにだけに集中していきましょう。

ここを意識してやってみよう！

怒らない体操❽ おしくらまんじゅう

アンガーマネジメント的目的

●親子、カップル、友人同士で行える
●互いの価値観を受け入れる練習になる

「怒らない体操」の「おしくらまんじゅう」では、相手の手は握らず、そっと互いに合わせるだけです。この相手をコントロールしない、執着しない、それでも寄り添っているという感覚がアンガーマネジメント的にもとても重要です。

自分をコントロールすることはできても、他人はコントロールできない。そのことを教えてくれます。とくに親子の関係では、ときに相手に甘えたり固執があったりするものですが、こうして手を握らず背中合わせに歩みを合わせることで、実生活でもどちらかがコントロールする側になることはない、互いを尊重し合う関係性を知ることができるようになります。

こんなときにおすすめ！

家族、カップルでコミュニケーションをとりたいとき、楽しいことをしたいとき

他にもこんなテクニック

自分が決めていることや、自分がよく使用する「○○であるべき」を書き出す「べきログ」というテクニックがあります。怒りは自分が大切にしている「べき」が相手に軽んじられたりすることで生まれます。べきログはそんな自分の「べきの境界線」を知る手段です。家族やカップル、職場の仲間にも「べきログ」を書いてもらい、それぞれの〝べき〟を共有して、いかに世の中にはさまざまな〝べき〟があるか互いに知る機会をつくってもいいかもしれません。

Chapter 4

怒りを増幅させない「マインドフルネス」を味方につけよう

今、人気のマインドフルネスとは?

怒っているとき、心は現実から離れている

「マインドフルネス」という言葉。最近よく聞くようになりました。ビジネス誌で特集が組まれたり、関連書籍もビジネスマンを中心にヒットしています。グーグルなどの企業でも活用され、社員が創造性を発揮できるよう行われていると聞くと何か難しいもののように聞こえます。

このマインドフルネスとは、一体どんなものなのでしょうか?

人間は、身体と意識というふたつの側面を持っています。しかし、現代人は身体と意識は離れていることが多いといわれています。身体はここに在っても、意識は過去や未来に飛んでしまいやすいからといわれています。

私たちはイライラしているとき、怒っているとき、じつは現在をあまり考えていません。前にあったことを思い出してイライラしてみたり、この先どうなるのか不安になってみたり、腹立つことがあるなあなんてぼんやり思ってみたり……。今現在以外

のことを考えれば考えるほど、イライラ、怒りの感情は大きくなっていきます。

今、この文章を読んでいる間も、別の場所のこと、過去のこと、これからのことをなんとなく考えていませんでしたか？

つまり、意識と身体が離れている状態は、とてもストレスがかかるのです。大人と比べて子どものストレスが少ないのは、子どもの意識は身体から離れないからだといえるでしょう。よく小さな子どもは、目の前にあるものをそのまま呼んだりします。

「おやつ！」「おもちゃ！」「ネコちゃん！」

これは目の前の現実のあるがままを受け入れている状態、意識と身体がともにあるということを示しています。

マインドフルネスは、ちょうどこの子どものように心身ともに「今、ここに生きている」現実に集中している状態になることを目指しています。飛んでいきがちな意識を現在に引き戻し、ストレスで疲れた心身を回復する働きがあるといわれています。

マインドフルネスは難しくない！

どんなことも否定せずに、客観視する

マインドフルネスというと「瞑想」というイメージをもっている人も多いと思います。実際にマインドフルネスは禅や瞑想などの考え方をベースにしていると言われていますが、「瞑想」というと、目を閉じて静かに座り精神を統一するというあの座禅のようなイメージですよね。できたらカッコいいですが、しかし、そんな時間や環境をつくるのは簡単ではありません。

じつは、瞑想＝メディテーションは歩いていても、食事をしながらでもできるのです。また何時間もかける必要もありません。１日十数分ほどのわずかな時間でも効果を感じられます。

マインドフルネスは、意識を無にすることではありませんし、わき上がる邪念を払うものでもないのです。どんなことが頭に浮かんだとしても、否定せずに、それはそ

れとして客観視すればいいのです。

なぜ怒りのコントロールにマインドフルネスが効果的かというと、自分の感情を客観視できるようにするものだからです。怒りの正体を客観的に捉えることができれば、衝動的に反応して後悔するようなことがなくなります。冷静に対処できれば、さらなる怒りや焦りにさいなまれることはなくなるのです。


マインドフルネスは、不安からの解放、ストレス軽減のみならず、免疫システム、うつ状態の改善などさまざまな有用性があるといわれ、研究がなされています。怒りをはじめとする、感情のコントロールだけでなく、心身の健康のためにも試してみる価値はあると思います。

今回は、わざわざ時間や場所を用意しなくても、日常生活のなかで気軽にできるテクニックを紹介します。ぜひ習慣にして、マインドフルな毎日を送りましょう。

マインドフルネス 1

ウォーキングメディテーション

外を歩く

1 歩く目標を決める

たとえば朝の通勤時、家から駅までの道のりをウォーキングメディテーションで歩くと決めます。100メートル先の信号までといった短い距離でもOKです。無理のない、危険のない範囲で目標を決めましょう。

2 身体の動き、感覚に集中

とくに足の裏を意識していきます。まず右足のかかとが最初着地し、土踏まず、足指と順に地面についていき、そして左の足を蹴り上げて、かかとから順に指先まで地面を離れていく。その繰り返しをていねいに確認しながら歩きます。

ウォーキングメディテーションは、「歩き瞑想」ともいい、とにかく歩くという行為に意識を集中させます。歩くことは、無意識でできる行動なので、歩く以外のことを考えてしまいがちです。ついつい歩きながら、スマホをさわったり、歩く以外のことに意識がいきがちですが、そこをあえて、100 メートルでも100 歩でもいいので歩く自分の身体に意識をフォーカスしていきましょう。

屋内で足踏み

1 その場で足踏み

室内で足踏みするだけでOK なので、雨の日でも風の日でもウォーキングメディテーションはできます。疲れたなと感じたときや、家事や仕事の合間などに行うとよいでしょう。

2 特に足裏の感覚にフォーカス

屋外を歩くときと同様に歩く身体、とくに足裏に集中して動きを追っていきます。外で行うより安全な環境なので、体重が移動して行く様子、足が床から離れる感覚などにより集中して歩いてみましょう。

マインドフルネス 2

指合わせ

初級

1 両方の手首を合わせて

左右の手を向かい合わせにします。ただし、指先は合わせず、手首だけをぴったりつけるように構えます。指はリラックスさせて、ゆるく曲げた状態にしておきましょう。

2 順番に指先をタッチ

向かって手前の親指から順に指先を合わせていきます。なぜ親指からはじめるかというと小指より親指からの方がバランスをとるのが難しく、意識を集中させる必要があるからです。

「手は外部の脳」だと昔からいわれていますが、実際に指の動きは脳の働きと密接に関係しているといわれています。指あわせは、地味ではありますが、その分何気なく、人の目をあまり気にせず実行できるのがポイントです。簡単にできそうですが、実際にやってみると意外とスムーズに指が動いてくれないので手元に意識を集中しなければなりません。「マインドフルネスって難しいかも」と感じていたら、ぜひこの指あわせからチャレンジしてみてください。

上級

1 不規則な順にする

親指から小指へ順に指を合わせるのに慣れてきたら、順番を変えてみましょう。親指の次は中指、中指の次は小指など指先にさらに意識を集中するようにいろいろな順番でやってみます。

2 目を閉じてやってみる

それにも慣れてきたら、目を閉じてやってみるのもおすすめです。見えない分、より指先に集中することが必要になります。

マインドフルネス 3

イーティングメディテーション

食べることに集中する

1 ただただ食べる

普段食事の間、気軽にしていることの一切をやめて食べることに向き合います。会話をしたり、スマホに触れたり、本を読んだり、テレビを見たりということもせずにただただ食べることに集中します。

2 五感をとぎすます

料理の見た目、匂い、食感、咀嚼するときの音、そして味。一口ごとに意識して味わってみましょう。急いでかき込まず、ゆっくりとじっくりと丁寧に食事を進めていくのがコツです。

イーティングメディテーションとは、「食べる瞑想」という意味です。ものを食べることは私たちが生きていくのに欠かせない行為ではありますが、毎日毎日のことだけに適当に済ませがちです。仕事や家事が忙しい、ひとりで食べても味気ないなど空腹を満たすためだけに食べている人も多いのではないでしょうか。そういう人こそこの「イーティングメディテーション」をすることで集中力アップなどを実感できると思います。

消化を観察する

1 身体の内側にも意識をもつ

口の中で咀嚼して飲み込んだ料理は、食道を通って胃や腸へ運ばれていきます。一口食べた後は、料理が自分の身体の中に入って消化されていくのを感じられるように意識を身体の内側に集中します。

2 食べている自分を観察する

消化だけではなく、動作にも注目していきましょう。食材が入ったときに口の中はどうなるのか、唾液はどう分泌されるのか、美味しいと感じたときどんな気持ちになるのかも観察してください。

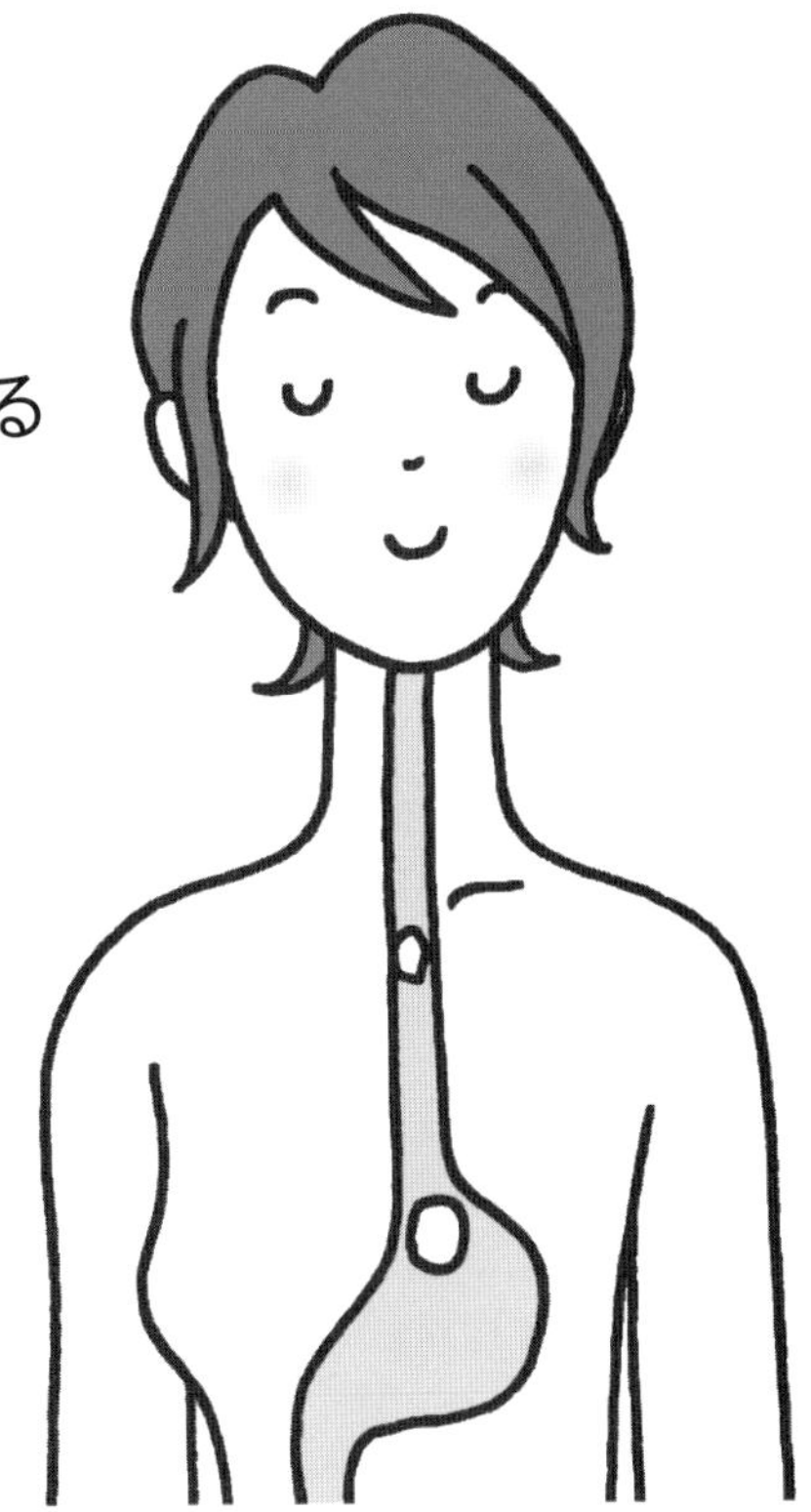

マインドフルネス 4

利き手と逆で生活

利き手と逆の手で箸を使う

1 箸を逆の手でもってみる

まず普段やっている動作を利き手と逆の手で行ってみます。食事のとき、箸を逆の手でもつことあたりからはじめてみると続けやすいでしょう。いかに無意識に箸を動かしていたかがわかると思います。

2 やりづらいと感じたら呼吸に集中

箸を逆の手で使うと、うまく動かせないことにイライラ、空腹のあまり途中で元の利き手に戻してしまいたくなることもあるかもしれません。そういうときは呼吸に意識を集中しイライラをやり過ごします。

利き手と逆の手で生活する。それは、あえて不便な生活を行うということです。しかし、この不便さこそが意識を目の前の動作に集中させてくれるのです。頭の中でいつももやもやと余計ことを考えてしまうスペースを減らしてくれます。とはいえ、1日中やらなくてもOK。1日数十分も行えば十分です。普段とは違う慣れない動き、作業をすることで不思議なほどすっきりします。

慣れてきたら別の作業へ

1 箸からペンへ

利き手と逆の手の箸使いも慣れてくると無意識に使えるようになります。それでは意識を集中する効果が減ってしまうので、次は文字を書いてみるなど箸使いとは別の作業を利き手と逆の手で行います。

2 さまざまな日常の作業を逆の手でやってみる

その他にも歯磨き、パソコンのマウス、スポーツなどもチャレンジし甲斐があります。マインドフルネスの効果のみならず、いつもと違うという刺激が脳の活性化にも役立つともいわれています。

マインドフルネス 5

グラウンディング(ものを観察)

形あるものを観察する

1 身近なものを観察する

人はものをじっと観察していると余計なことを考えなくなるといわれています。瞑想や座禅と同様の効果を得られるのに大した道具もいらず、簡単です。ペンや資料、PC などかたちのある身近なものを観察するところからはじめてみましょう。

2 スマホを観察する

身近なものからはじめてみます、たとえばスマホやケータイ。「色は?」「かたちは?」「ケースはどんなタイプ?」「本体に傷はあるか?」「傷の数は?」などただ眺めるだけでなく、具体的に詳細に確認していくのがコツです。

その場セラピーにもなり、マインドフルネスになるのが「グラウンディング」です。これはグランド（地面）から派生した「その場に釘付けにする」という意味。意識をひとつのものに集中し観察するというテクニックです。毎日３～５分間の習慣にしてもいいですし、なにかイラッとする出来事に直面したときにも効果を発揮します。

実況中継

1 見えるものを次々と描写

目の前にある風景を観察するのもよい方法です。「白い壁がある。デスクがあってその上にPCが載っている。15インチのノートパソコン。黒い椅子があり……」などと続けていきます。

2 あくまでも客観的に

グラウンディング中に、スマホに傷を見つけたら「この傷は半年前に落としたときのかな?」などと無意識に思い出してしまいます。思い出（＝過去）に意識が向きそうになったら、ただただ目の前に集中しましょう。

マインドフルネス 6

呼吸法

1分4呼吸

1 ゆっくりとはいて、ゆっくりと吸う

人間の身体は怒ると血管や筋肉を収縮させて戦闘モードになります。鼻からゆっくりと6秒以上かけて息をはき、6秒かけて吸います。1分間に4回、はいて吸うができるくらいゆっくりゆっくりを意識します。

2 息をはききる

肺の中の空気をはききることがポイントです。だんだんリラックスしてきて、気持ちが落ち着いてきます。はく息を意識すると普段いかに呼吸が浅くなっているか気づくことができます。

自分の呼吸を意識したことはありますか？　しっかりと息を吐いて吸うことができていますか？　呼吸が浅いと疲れやすく、集中力が落ち、不安や焦りを感じやすくなります。もちろんイライラして怒りっぽくもなります。深呼吸の習慣を身につけておくと日々のストレスが軽減され、心の余裕も大きくなります。

身近なグッズを使う

1 風船をふくらます

呼吸は目に見えないので、意識しにくいという人もいるでしょう。そんなときは、風船をふくらませることではく息を目で見ることができます。風船がなければ袋をふくらませてもいいでしょう。

2 ストローを使う

ストローを使うと細く長く息をはくことができます。ストローを意識して、息をゆっくりはいていきましょう。ストローの応用としては、シャボン玉遊びがあります。大きなシャボン玉をつくるには細く長い息が重要です。

マインドフルネスのメリットとは？

このようにマインドフルネスのテクニックにはいろいろあり、生活のさまざまな場面で実践できます。むしろ忙しい人ほどマインドフルネスを行う機会は多くなり、実際に役に立つといえるでしょう。

メリット1「集中力アップ」

感情コントロール以外のマインドフルネスの効果は、まず集中力のアップがあげられます。

現代社会に生きるということは、あふれる情報を浴びて、時間に追われて生きることです。常にやらなければならないことや選択を迫られています。そんななかで、集中力を保っていくのは至難の業です。

マインドフルネスとは、「今この瞬間」の自分の体験に注意を向けて、現実をあるがままに受け入れること。未来への不安や過去へのわだかまりなど心ここに在らずの状態から「いま・ここ」に引き戻して落ち着かせる作業です。

マインドフルネスを行うと自分の頭や心の混乱した状態に気づいて、いつもの行動パターンから抜けだしてゼロベースで考えられるようになります。たとえば、さまざまな問題を同時に何時間も考えても結論が出せない状態から、そのなかからひとつのことだけを選択し、10分考えただけで決断できるようになるのです。つまり集中力がアップするのです。

メリット2「ストレス軽減」

さらにマインドフルネスにはストレスも軽減する効果があることも科学的に明らかになっています。実際に不安障害やうつ病などの精神疾患に対する治療に活用されており、効果をあげています。

人間の身体はつらい経験を思い出しただけでストレスホルモンを大量に分泌し、心身を消耗させます。ストレスは免疫力を下げ、自律神経の働きを狂わせ、さまざまな病気を引き起こし、老化を早めるといいます。マインドフルネスは、ストレスホルモン分泌を引き起こす不安に駆られ思考のクセをストップすることができるのです。

よい仕事をするにも、勉強で成果をあげるためにも集中力や心身の健康は欠かせません。マインドフルネスは、散らかりがちな心を整える行為です。


さらにいえば、マインドフルネスはそもそも禅や瞑想にルーツをもち、そこから宗教色やスピリチュアル性を排除して科学的に再構築したメソッドです。もともと武道や茶道、華道などの稽古になじみのある日本人にはとてもトライしやすいのではないでしょうか。

怒りのコントロール以外にもメリットがいっぱいのマインドフルネス。「その場セラピー」「怒らない体操」とあわせて気軽にはじめてみましょう。

Chapter 5

アンガーマネジメントを楽しく続けていくためのQ&A

Q

アンガーマネジメントを子どもに教えるためにはどうしたらいいですか?

親子で衝突することが多いので、親である私はもちろん、小学校1年生の子どもにもアンガーマネジメントを学ばせてあげたいと思っています。どのようにはじめたらいいですか?(30代　主婦)

A

アンガーマネジメントは言語を使って考えるものなので、確かに大人向けとなっています。子どもにはちょっと難しいかもしれません。

でも心配はいりません。メソッドとして吸収するのは難しくても、本書で紹介している「怒らない体操」「その場セラピー」などは身体を使って覚えることができます。感情のコントロールというとメンタルだけに目がいきがちですが、身体と心はつながっていることをまずは知ってもらうと覚えが早いでしょう。

日本アンガーマネジメント協会では、アンガーマネジメントキッズインストラクターによる子ども向けのアンガーマネジメント講座を開催しています。そこでは絵を描いてみたり、風船を使ってみたり、遊び感覚で感情をマネジメントするということを教えています。

「怒っちゃダメ」「相手に優しくしなさい」と理屈で言い続けても実感がなければ子どもは理解できません。、体験を通じて覚えていくように工夫してあげるのがよいでしょう。親子で、家族でまずは動いてみるところからはじめてみてください。

まとめ

身体をリラックス、健康であるということが感情のコントロールには重要。子どもに教えるには身体を使う。

Q

アンガーマネジメントはどれくらい続けると効果がありますか？

ストレスが多い職場なので、アンガーマネジメントには興味はあるけどなかなか毎日のこととなると大変そう。どれくらい続けるとどんなふうに効果があるのか知りたいです。（20代　会社員）

A

できれば、３週間続けてもらいたいと思います。

なぜかというと、さまざまな説がありますが、３週間（21日間）続けると習慣化すると一般的にいわれているからです。

一度毎日の習慣にしてしまえば、歯磨きをするかのようにやるべきことが当たり前になり、面倒だなとか、大変だなという気持ちは減っていきます。

長く続けるコツは、一度によくばってたくさんのことをしようとしないこと。

たとえばストレッチを習慣化しようとしたとき、いきなり「毎日1時間ストレッチをする」と決めるのは三日坊主になりやすいのです。ストレッチ1時間はかなりしんどいもの。高いハードルを掲げずに、1日10分から、というくらいゆるい感じではじめると無理せず長続きできます。

アンガーマネジメントも同じ。毎日2、3分でもいいので、自分が続けられそうなものをひとつ、ふたつ気軽にできるものを選んで、続けてみてください。アンガーマネジメントはスポーツ競技をトレーニングするのと同じで、コツコツ練習することで上達します。

まとめ

小さなことをコツコツ、長く続けること。
その方が効果も高く、長続きする。

Q

実感が得られないときはどうしたらいいですか?

もう怒るのに疲れ果てて、絶対にアンガーマネジメントを身につけようと頑張って毎日続けていますが、怒りの感情が自分の中でより存在感を増したような気もします。効いているなって実感が得られないときは、やり方を間違えているのでしょうか?(40代　主婦)

A

アンガーマネジメントの成長曲線は、やればやるほど右肩上がりにぐんぐん伸びていくものではありません。はじめてすぐはちょっと上手になるのですが、すぐに停滞期を迎えます。やっているわりにうまくいかないなと感じるのはこのときです。ですが、ある日突然うまくなるときが来ます。これを繰り返してレベルアップしていくのがアンガーマネジメントです。

しかし、じつはそもそも「実感が得られない」と感じていること自体が成長している証なのです。「うまくいっていない」と感じられることが自分の感情を客観的に捉えられていることに他ならないからです。アンガーマネジメントを知る前なら気づきもしなかったことだと思います。

あまり悲観的にならずにこれまで通りに続けていってください。ちょっとずつラクになって、ある日、意識せずに怒りをコントロールできている自分に気づくはずです。

まとめ

ダイエットのときに体重が急降下していかないのと同様にアンガーマネジメントにも停滞期がある。続けていくことである日突然実感できるようになる。

Q

パートナーにアンガーマネジメントをやらせたい

夫婦仲は悪くないのですが、ケンカになると怒鳴り合い、つかみ合いをするほどエキサイトしてしまいます。私ももちろんやりますが、妻にもアンガーマネジメントをやらせたいのです。頑固なタイプの妻にいいすすめ方はありますか？（30代　自営業）

A

身近な人間とはいえ、無理にやらせようと思ってもやらせることはできないと思った方がいいでしょう。一番いいのは、自分自身がアンガーマネジメントを実践することで、周囲に「雰囲気変わったな」「なんか調子よさそう」と気づいてもらえるようにすることです。相手から「何か特別なことをしているの？」「私もやってみたい」と自分からやる気を起こすのを待つのです。

これが遠回りのように見えて、一番早い方法です。自分がまだアンガーマネジメントをうまくできていないうちから、頭ごなしに相手にやらせようとすると反発をまねいて逆効果です。

じつはアンガーマネジメントが身についてくると、人にやらせたいという気持ちはなくなってきます。自分自身がうまくいっていると、他人のことは気にならなくなるのです。

「誰かにやってほしい」と思ううちはまだアンガーマネジメントが身についていないという証拠。まずは、自分のことに集中しましょう。

まとめ

アンガーマネジメントで怒りの衝動から解放された自分を相手に見せる。相手を変えたければ、まず自分から。

Q

怒られ上手になるべき?

打たれ弱くて悩んでいます。仕事で上司やクライアントからのちょっとした一言でも気になるのに、怒りを買った日にはへこみっぱなしで、なかなか立ち直れません。そんな僕を見兼ねて先輩が「怒られ上手になれ!」と励ましてくれたのですが……。「怒られ上手」ってなんですか? どうしたらなれますか?

(20代　会社員)

A

怒られ上手になれたらいいですね。

「怒られ上手」にはふたつ意味があると思います。ひとつ目は、怒られているときでもそれほど堪えない、淡々と受け止められるという人。もうひとつは、怒っている側に「この人には言いやすいな」「受け止めてくれるな」と感じさせる怒られ方をする人。相手を気持ちよく怒らせて、怒り怒られる関係をコミユニケーションにすることができる人ともいえるでしょうか。

いずれの「怒られ上手」も怒りをコントロールできているアンガーマネジメント上手です。

怒られ上手になるには、どうしたらいいでしょうか。それは、心の器を大きくすることで実現できます。怒らない体操などで毎日少しずつ心身をタフにしていくことで、怒りの感情に振り回されない大きな心の器を獲得することができます。

まとめ

怒りを上手に受け止めることができる怒られ上手はアンガーマネジメント上手。

心の器を大きくして怒られ上手を目指す。

Q

芸能人のゴシップに過剰に反応してしまう……どうしたら？

タレントの不倫問題にやたらカチンときてしまいます。絶対に芸能界復帰はしてほしくないと思うのですが、家族に話しても無関心。ネットのコメント欄で同じ意見の人を探して溜飲を下げていますが、気がつくと何時間もネットの掲示板に張り付いていることがあります。私、異常でしょうか？（30代　主婦）

A

そのニュースが自分の人生にどれくらい関係するのかを考えることで冷静になれます。自分の人生にほとんどかかわりのない人に自分の人生の大切な時間を費やしていいのかと自分に問いかけてみましょう。たいていが「もったいない！」と感じると思います。

誰かの悪口を言う、誰かを叩くことは、自分の人生の一部を削り取って使っていることなのです。嫌いな人やムカつく相手にこそ自分の人生を使ってやらなくてもいいでしょう。それよりももっと自分が好きなことや好きな人に時間を使う方が断然素敵な人生になると思いませんか。

どうしても自分を不快にする情報に意識が向いてしまいムカムカしてしまうという人は、全部見ない、シャットアウトしてしまうという方法もあります。テレビのワイドショーやネットの芸能ニュースから卒業してもいいのかもしれません。

まとめ

自分に関係ないことに怒るのは無駄。もっと自分自身の人生に目を向けていこう。

Q 人は年齢を重ねると怒りっぽくなる？

いつも穏やかで優しかった祖母が最近怒りっぽくて困惑しています。一人暮らしをしている部屋へたまに遊びに行くとちょっとしたことで火が付いたように怒るのです。母は「歳をとるとはそういうことよ」というのですが、実際に高齢者は怒りっぽいのですか？　またそういう怒りっぽいお年寄りと上手に付き合う方法を教えてください。（10代　学生）

A

歳をとることで脳が萎縮して感情を司る機能が低下して怒りっぽくなるということはよくあることです。ただ一方で、歳をとることで丸くなる人もいます。

最近、キレしまうお年寄りがニュースなどで話題になることがありますが、それは社会的なタガから外れてしまっているからだと思います。たとえば社会人として現役であれば、仕事で揉めごとを起こしたら食べていけなくなる、家族を養えなくなると考えるので、たとえ怒ったとしても配慮があります。しかし、そういった関係性のない孤独な老人は捨て鉢になりやすいのです。

年齢に関係なく、怒りっぽい人は「寂しい」感情を抱えている傾向がありま す。そういう人とうまくやっていくには、時間をかけて接していくことが重要になります。ひとりにならないよう、孤立を感じないよう積極的にコミュニティに参加してもらうのもひとつの方法です。

まとめ

年齢とともに怒りやすくなる人もいる。その背景には寂しさが隠れていることが多く、周囲の人は敬遠せず積極的に付き合っていくことで改善する場合も。

Q

A

モノに怒りをぶつければ発散できますか？

私のストレス解消法はクッションをサンドバッグ代わりにして溜まった怒りを発散させることです。嫌いな常連客の顔を思い浮かべてボコボコにしてやります。ちょっとスッキリする気がするのですが、「もっと！」と思ってエスカレートし、いつまでもやめられません。この方法で本当にストレス解消できてます？（20代　ショップ店員）

怒りを感情のままにモノに当たったり、大声をあげたりするストレス発散をする方法は海外ではメジャーな方法で、お皿を割ったり、車を壊して怒りを発散しようという専門の施設があるほどです。

しかし、アンガーマネジメント的には、この方法はあまりおすすめしていません。なぜならモノに当たる発散方法は怒りを増幅してしまうからです。受けた怒りを人やモノに当たると、自身の攻撃性がヒートアップするという論文も発表されています。つまり、怒りをしずめるという目的でこの方法を行っても全然効果がないばかりか逆効果だということなのです。

モノを壊して叫べば気分的にすっきりするような気もしますが、単に怒りの対象に自分の意識を釘付けにするだけで、何度も繰り返し不快な感情を味わうことになります。

まとめ

怒りをモノにぶつけても逆効果。一瞬だけスッキリした気分になるが、かえってヒートアップしてしまう。

Q

怒りのコントロールをしすぎると感情が消えてしまわないですか？

怒りコントロールには慣れてきたが、自分を客観視しすぎて冷めた人間になった気が。アンガーマネジメントしすぎると感情がなくなる？（30代　会社員）

A

怒りを感じたり怒ること自体は悪いことではありません。ただ衝動のままに怒って、後から後悔することがないようにするのが重要です。怒りも大事な感情。悪いものと決めつけて自分から切り離してしまわないようにしましょう。

まとめ

アンガーマネジメントとは、怒りの感情をコントロールすることであって「怒らない」ことではない。

Epilogue

エピローグ

ウォーキングドクター

デューク更家 × 安藤俊介

一般社団法人日本アンガーマネジメント協会代表理事

心をラクにしたければ怒りをコントロールしなさい

怒ってトクしたことはなにもない!

——今回のコラボレーションのきっかけを教えてください。

安藤　僕たちがやっている日本アンガーマネジメント協会では、これまで講座をメインとして活動していました。でも話を聞いてワークをするだけでなく、身体を使って怒りをコントロールするという方法もあるんです。それを日本でどうやろうかなとチャンスをうかがっていました。偶然にもデュークさんのお弟子さんが当会のファシリテーターで、彼と話しているうちに、デュークさんのウォーキングと組み合わせたかたちでアンガーマネジメントができないかなと考えるようになったんです。

デューク　僕はいつも「楽しく、元気にする」というテーマでウォーキングをやっていますが、教室に来る人のなかにはストレスをいっぱい溜めている人もいるんです。そういう人たちから相談を受けることが続いていていて。そんなときにお話をいただいて、「これや!」と思いましたね。

安藤　いつも楽しくレッスンされていますが、デュークさんが怒るときって、どんなときなんでしょうか。
デューク　僕、昔はすごく短気でね。これまでに200〜300人は弟子を辞めさせましたかね（笑）。教えたいことがうまく伝わらないと、ついカーッとなってすぐ怒ってしまっていたんですね。それが歳とともにこなれてきつつ、頭ごなしに怒るよりも、きっちり理解させたほうがいいなと思うようになってきた。でもよく考えたら、怒ってうまくいったことって1回もないんですよ。
安藤　当会の講座に来られる方の多くは女性なんですが、親子の問題を抱えている人がすごく多いんです。デュークさんにも娘さんがいらっしゃいますが、親子での怒りについてはどうお考えですか?

デューク　僕はすごくマザコンで、お母ちゃんをすごく大事にしていたんです。ケンカした経験がないし、怒られて逆らった覚えもない。だから、うちの娘ふたりにもなるべく怒りたくないって思う自分がいて。僕、怒るところは決めていて「お前たちに怒るときは、お前たちの身が危険なときや」と言っているんですよ。命が危ないとか、ケガや事故を起こすとか、そういうときは怒る。それ以外は努めて怒らないでおくと常に宣言しているんです。つい「アホかぁ!」って声を荒げることもありますけどね(笑)。

安藤　怒るときと怒らないときの境界線を見せているということですね。怒りたいと思っていても、怒れない人って実は多いんです。一方で、線を決めている人は躊躇《ちゅうちょ》なく怒ることができるんですよ。アンガーマネジメントの世界では怒ることは悪いことじゃない。怒り方を工夫するとか、怒る必要がないことには怒らないと考えています。デュークさんはこれまで、どうセルフコントロールしていたんですか?

デューク　僕はお酒が大好きなんやけど、ケンカしたとき、腹が立っているときにはお酒は一切飲みません。口につけるときは楽しいお酒! 怒りをぶつけないで、おいしいお酒と食事、楽しいことで消しているって感じかな。

安藤　それって、多くの人ができないと思うんです。それこそお酒を飲み過ぎてしまう人もいますよね。どうしてできるようになったんですか？

デューク　カーッとなったら、すぐに何かに変えてしまおうと思うようになったのは、若い頃のケンカがきっかけでしたね。グチグチ怒り出すのはいけない、と意識するようになりました。でも職業的に身体を動かすことで怒りをしずめられるのは確かです。汗をかいたらスッキリするし、身体が気持ちよいことをやっていると気分もよいんですよ。

心を整えるために身体を鍛えよう

――心と身体の結びつきをどのように捉えているのでしょうか。

デューク　「心技体」という言葉がありますが、僕の場合は「体技心」です。心は訓練しようと思っても、なかなかうまくいかない。だからまずは身体から鍛えてしまおうというわけです。自分が元気で楽しいときは、嫌なことを言われても僕の中には入ってこない。「あ、そう？」ぐらいに受け流せるんですよ。

安藤　アンガーマネジメントの世界でも、身体を整えることを大切にしています。やっぱり具合が悪いときって、健康的なときより怒りやすいんです。アンガーマネジメントは心のトレーニングではあるんですが、突き詰めていけば身体も整えなければならないし、生活のあらゆる面を整えていかないと、結局心も整わないんですよね。

デューク　恥ずかしい話だけど、僕、朝起きたらシャンパン飲むんですよ（笑）。人には決してすすめないですが、僕の中では朝シャンパンを口に入れることが、その日の健康状態を測るバロメーター。身体が元気かどうかが分かるんです。

安藤　たしかにおすすめはできませんね（笑）。でも人によってバロメーターはありますよね。僕の場合は、朝起きたときにお腹が空いているかどうかですね。これまで多くの人を指導されたなかで、怒りっぽい人の特徴として気づいたことはありますか？

デューク　ものすごく怒りやすい人は、胸が張ってあごが上がっていますね。あとは背筋が曲がって常に下を向いている人。大人しそうに見えてキレると収拾がつかないね。あと圧倒的にあかんのは身体が歪んでる人やね。身体を歪めてる人は怒りやすい。

安藤　確かに姿勢が整っているとか、立ち姿勢が美しい人は心も整っているのかなと思いますね。今回の怒らない体操をやる上で、コツってありますか？

デューク　いまの人って、すごい知識はあるねんけど、意識が向いてない気がする。だから、自分は今こういう体操をしてるよ、こんなふうに対処してるよと意識を向けて、それに対して答えがどうだったか、ということも考えてみてほしいですね。8種類の怒らない体操のうち2つでも、その人に当てはまればいいのかなと思います。

安藤　身体との対話は大切ですね。いろいろなメニューのなかから自分でやっていて気持ちのいいものをやってみて欲しいですね。ちなみに、どのぐらいの期間で体が変化していくのでしょうか。

デューク　約2週間ですね。毎日ちょっとずつやるだけでも変化に気づくはずですよ。

——最後にメッセージをお願いします。

安藤　怒ること自体は悪いことではありませんが、無駄にイライラすると疲れるし、人間関係を悪くすることもあります。なので、イラッとしたら怒らない体操をやってみてください。まずは2週間、毎日ちょっとずつはじめてみましょう。きっと2週間後には自分でも驚くほど変わっていると思います。

デューク　僕は自分なりの考えのもとに、なるべく怒らないで楽しい方法を突き詰めてきたんやけど、今回「あ、俺のやってることって正しかったんや」って疑問が解けました。アンガーマネジメントの知識と組み合わせて出来上がった怒らない体操は最高や！ぜひ、みなさんもやってみてください。

安藤俊介《あんどうしゅんすけ》

一般社団法人日本アンガーマネジメント協会　代表理事
アンガーマネジメントコンサルタント

1971年群馬県高崎市生まれ。2003年に渡米しアンガーマネジメントを学び、日本に導入し第一人者となる。ナショナルアンガーマネジメント協会では在籍する1500名以上のアンガーマネジメントファシリテーターのうち15名しか選ばれていない最高ランクのトレーニングプロフェッショナルにアメリカ人以外ではただ一人選ばれている。企業、教育現場、医療機関などで数多くの講演、研修を行っており、年間の受講者は２万人を超える。主な著書に『はじめての「アンガーマネジメント」実践ブック』(ディスカヴァー・トゥエンティワン)、『アンガーマネジメント入門』(朝日新聞出版)、『怒りに負ける人、怒りを生かす人』(同)、『「怒り」のマネジメント術』(朝日新書)などがある。

デューク更家《さらいえ》

ウォーキングドクター

1954 年和歌山県新宮市生まれ。ファッションショーの演出およびプロデュース、モデルへのウォーキング指導を手がけた後、一般向けのウォーキングレッスンを 始める。気功や運動生理学、武道、ヨガ、バレエ、呼吸法などの要素を取り入れた独自のウォーキングエクササイズ「デュークズウォーキング」を確立。細胞から活性化させ、身心を整え、健康で更に美しく身体を作り変える独自のウォーキング理論は、簡単でユニークでありながら即効性があるとして、高く支持される。モナコと東京に自宅を構え、最期まで自分の足で生きる人生の喜び「ぴんしゃんウォーキング」や、歩くことで道徳を伝える「歩育」を提唱すべく、日本各地でイベントを開催するとともに、ヨーロッパを中心に世界中に顧客を持つ。主な著書に「1m ウォーキング·ダイエット」(講談社)、「いいことがいっぱい起こる歩き方」(幻冬舎)、「ウォーキング考 最短距離で最大効果を生み出す正しい歩き方」(角川 SSC 新書)、「人生が変わる! ウォーキング力」(青春出版)、「ぴんしゃんウォーキング」(中央法規出版)などがある。

デザイン　松山裕一(UDM)
撮影ディレクション　中山章太郎
撮影　手嶋悠貴
照明　浅見貴宏
ヘアメイク　門倉貴子
モデル　TOMO
イラスト　いしいゆき
構成·編集·取材　柳舘由香
編集·取材協力　伊藤伊万里(ライトアウェイ)

企画協力　ELLIE·詠理(サライエ企画)
服部美穂(一般社団法人日本アンガーマネジメント協会)

アンガーマネジメント×怒《おこ》らない体操《たいそう》
たった6秒《びょう》で怒《いか》りを消《け》す技術《ぎじゅつ》

2016年10月30日　第1刷発行

著者　安藤俊介《あんどうしゅんすけ》
デューク更家《さらいえ》

発行者　茨木政彦

発行所　株式会社 集英社
〒101－8050　東京都千代田区一ツ橋2－5－10
編集部：03-3230-6068
読者係：03-3230-6080
販売部：03-3230-6393（書店専用）

印刷所　図書印刷株式会社
製本所　ナショナル製本協同組合

定価はカバーに表示してあります。
造本には十分注意しておりますが、
乱丁・落丁（本のページ順序の間違いや抜け落ち）の場合は
お取り替えいたします。
購入された書店名を明記して、小社読者係へお送りください。
送料は小社負担でお取り替えいたします。
ただし、古書店で購入したものについてはお取り替えできません。
本書の一部あるいは全部を無断で複写・複製することは、
法律で認められた場合を除き、著作権の侵害となります。
また、業者など、読者本人以外による本書のデジタル化は、
いかなる場合でも一切認められませんのでご注意ください。

集英社ビジネス書公式ウェブサイト
http://business.shueisha.co.jp/

集英社ビジネス書公式 Twitter
http://twitter.com/s_bizbooks (@s_bizbooks)

集英社ビジネス書 FACEBOOK ページ
https://www.facebook.com/s.bizbooks

© SHUNSUKE ANDO, DUKE SARAIE 2016　Printed in Japan
ISBN 978-4-08-786076-4 C0011